AF721336

Ira Schneider

Jeden Tag ein neues Ja

Unsere Ehe als Gestaltungsraum entdecken
und eine Segenslinie ziehen

IRA SCHNEIDER

Jeden Tag ein neues Ja

Unsere Ehe als Gestaltungsraum entdecken und eine Segenslinie ziehen

SCM
Hänssler

Stimmen zum Buch

»Ein wertvolles Buch, das Paare in die Tiefe führt. Es lädt ein, Beziehungsmuster zu reflektieren und ein ganzheitliches JA zueinander zu etablieren. Ira Schneider schreibt sehr persönlich und zugleich fachlich kompetent – ihre paartherapeutische Expertise fließt auch in vielen praktischen Anregungen zur Stärkung der Beziehung ein.«

SUSANNE MOCKLER,
Paartherapeutin und Autorin

»Ein inspirierender Ratgeber voller Leidenschaft für starke Ehen! Die persönliche Geschichte der Autorin verleihen diesem Buch Authentizität und Tiefe. Die gelungene Mischung aus Theorie und praktischen Anwendungen macht es zu einem wertvollen Begleiter für alle, die ihre Partnerschaft vertiefen möchten.«

MARC BARETH,
Leiter FAMILYLIFE Schweiz

»Ira Schneider trifft den Nagel auf den Kopf: Eine gelingende Beziehung, eine erfüllte Ehe ist weder ein Zufallsprodukt, noch kommt sie von ganz allein. Es bedarf der ständigen Hinwendung, der Pflege und des Ja-Sagens. Mit hilfreichen Tipps, Fragebögen, persönlichen Einblicken und immer wieder einem freudigen Augenzwinkern begleitet Ira Schneider Paare auf dem Weg und hilft ihnen, ihre Beziehung und ihre Liebe bewusst zu leben, zu gestalten und immer wieder neu zu entdecken. Hoch inspirierend und lesenswert – ein absolutes Must-read für jedes Paar, das die Liebe und das Leben liebt.«

MARCUS BEIER,
Redakteur bei FAMILY

»Dieses Buch fordert Paare heraus, der Ehe einen ganz besonderen Stellenwert zu geben. Wer gedacht hat, dass Ehe etwas Verstaubtes sein muss, erlebt etwas Erfrischendes. Eher wird ihr Potenzial deutlich – Ehe als bunt bemalte Leinwand statt trübem Grau. Mit persönlichen Beispielen nimmt Ira ihre Leserschaft mit in ihre Ehe und ermutigt zum proaktiven Gestalten und gemeinsamen Entdecken der Schönheit der eigenen Ehe. Viele praktische Anregungen lassen das Buch zu einem alltagstauglichen Begleiter werden!«

SEBASTIAN TROMMER,
Theologe & Leiter der team-f Akademie

»Ira Schneider ist Expertin und Überzeugungstäterin. Das merkt man dem Buch in jeder Zeile an. Sie setzt sich leidenschaftlich für Ehe und Partnerschaft ein, scheut sich nicht davor, ihre eigenen Erfahrungen einzubringen und legt als Paartherapeutin mit vielen guten und praktischen Anregungen die Grundlage dafür, dass auch andere davon profitieren können. Paare erwartet hier keine trockene Lektüre, sondern eine spannende Reise, von der ihr Miteinander profitieren wird!«

CHRISTOF KLENK,
Redaktionsleitung von P&S –
Magazin für Psychotherapie und Seelsorge

David, deine unerschütterliche Liebe
und unsere innige Verbundenheit
bleiben mir rätselhaft.

SCM

Stiftung Christliche Medien

SCM Hänssler ist ein Imprint der SCM Verlagsgruppe,
die zur Stiftung Christliche Medien gehört, einer gemeinnützigen Stiftung,
die sich für die Förderung und Verbreitung christlicher Bücher,
Zeitschriften, Filme und Musik einsetzt.

Die automatisierte Analyse des Werkes, um daraus Informationen insbesondere über Muster, Trends und Korrelationen gemäß § 44b UrhG (»Text und Data Mining«) zu gewinnen, ist untersagt.
Alle Sequenzen aus Gesprächen sind anonymisiert, verfremdet und so weit fiktionalisiert, dass man keine Rückschlüsse ziehen kann.

MIX
Papier | Fördert gute Waldnutzung
FSC® C018236

2. Auflage 2025

© 2024 SCM Hänssler in der SCM Verlagsgruppe GmbH
Max-Eyth-Straße 41 · 71088 Holzgerlingen
Internet: www.scm-haenssler.de · E-Mail: info@scm-haenssler.de

Hauptübersetzung:
Hoffnung für alle® Copyright © 1983, 1996, 2002, 2015 by Biblica, Inc.®.
Verwendet mit freundlicher Genehmigung des Herausgebers Fontis – Brunnen Basel.
Weiter wurden verwendet:
Lutherbibel, revidiert 2017, © 2016 Deutsche Bibelgesellschaft, Stuttgart. (LUT 2017)
Neues Leben. Die Bibel © der deutschen Ausgabe 2002 / 2006 / 2017
SCM R.Brockhaus in der SCM Verlagsgruppe GmbH (NLB)

Lektorat: Mirja Wagner, www.lektorat-punktlandung.de
Umschlaggestaltung: Kathrin Spiegelberg, spika-design.de
Autorenfoto: Diana Frohmüller, https://dianafrohmueller.com
Titelbild: freepik.com, prolesolesya
Satz: typoscript GmbH, Walddorfhäslach
Druck und Bindung: Dimograf
Gedruckt in Polen
ISBN 978-3-7751-6240-1
Bestell-Nr. 396.240

Inhalt

Für euch!

An alle, die Ja dazu sagen, ihr Potenzial als Paar zu entdecken und auszuschöpfen.
An alle, die eine nachhaltige Liebe gemeinsam gestalten wollen.
An alle, die begreifen, dass der echte Unterschied im Unsichtbaren seinen Samen trägt.
An alle, die der nächsten Generation dabei ein heiles und verheißungsvolles Erbe hinterlassen wollen.
An alle, die beweglich sein wollen
und ihr Band der Verbindung stärken wollen.
An alle, die eine Resonanz der Innigkeit,
Nähe und emotionalen Intimität zulassen wollen.
An alle, die heute bereit sind, Verantwortung zu übernehmen, um anderen Paaren den Weg in ein hoffnungsvolles Morgen zu bereiten.
Für die, die jetzt schon ihr Inneres bereit machen wollen
für eine Paarreise, die noch kommen möge.
Für die Verliebten, die von vorneherein ihrer Liebe
eine Begleitung schenken wollen.
Für die Verlobten, die sich in ein Abenteuer stürzen.
Für die Verheirateten, die miteinander unterwegs sind
und ihre Paarwelt weiter formen wollen.

Für die Kämpfenden, deren Seelen schmerzvolles Leid spüren.
Dieses Buch ist für alle, die Ja sagen. Taucht ein in euer Paarsein!

Ein kleiner Leseguide

Ich empfehle dir, das Kapitel »Eintauchen« zu lesen, denn darin gibt es einige weitere Leseempfehlungen für dich.

Falls du aktuell in keiner Paarbeziehung bist, empfehle ich dir vor allem die Kapitel auf S. 177, S. 205 und S. 139.

Wenn ihr frisch zusammen, verlobt oder verheiratet seid, empfehle ich euch, das Buch der Reihenfolge nach zu lesen und euch vor allem Zeit für die Rituale auf S. 51 zu nehmen.

Wenn ihr gerade eine stürmische Zeit durchlebt, lohnen sich die Kapitel auf S. 177 und S. 139.

Wenn ihr schon länger zusammen seid oder als Fachpersonen mit Familien arbeitet, sind folgende Seiten interessant, um sich tiefer kennenzulernen oder mehr über Paardynamiken zu erfahren:

- S. 150 Entlastungsmodell
- S. 139 Validieren statt Bagatellisieren
- S. 198 Auf Augenhöhe
- S. 192 schwere Rucksäcke
- S. 98 Bereiche (Herzen)
- S. 173 Konflikttagebuch
- S. 187 In der Kinderwiege
- S. 163 (HAI-Barometer Häufigkeit – Auflösung – Intensität)
- S. 195 Übungsfeld Forschungsreise Fragekatalog
- S. 215 Psychodynamisches Denken

Eintauchen

Meine und eure Geschichte, die eines jeden Menschen, puzzelt sich aus vielen einschneidenden Momenten zusammen, etliche rote Fäden ziehen sich von der Vergangenheit bis in die Gegenwart. Jede einzelne Geschichte ist dabei unglaublich vielschichtig und Teil des eigenen Lebenspfades. Nicht immer sind die Geschichten von Leichtigkeit durchwoben, manche sind von unbändigem Schmerz durchtränkt. Und dennoch: Sie sind ein Teil von uns und prägen uns. Warum sind mir Paarbeziehungen also so ein dringendes Anliegen? Warum habe ich dieses Buch geschrieben? Um das zu beantworten, nehme ich euch gleich zu Beginn mit an einen Ort, mit in eine schwere Zeit, über die ich als Kind viele Jahre geschwiegen habe. In all ihrer Schwere zeigt diese Geschichte aber auch: Aus Schmerzhaftem kann Gutes erwachsen. Insofern ist sie auch eine Geschichte der Hoffnung – wenngleich auch die Hoffnung zunächst noch auf sich warten ließ.

Der hellrote Koffer

Nichts ahnend komme ich vom Puppenspielen bei meiner Nachbarin nach Hause. Völlig überrumpelt blicke ich in mein Kinderzimmer. Der hellrote Koffer liegt auf meinem Bett. »Pack alles ein, was dir wichtig ist«, flüstert meine Mutter mit ernster und bedachter Stimme. Also nehme ich Happy, meinen Stoffhasen, der darf auf keinen Fall fehlen, und lege ihn und einige andere Dinge in meinen Koffer. Zu diesem Zeitpunkt weiß ich noch nicht, dass ich viele meiner Spielsachen nie wiedersehen werde. Weiß nicht, was in den nächsten Stunden passieren wird. Weiß nicht, wohin die Reise wirklich gehen wird.

Wir nehmen den Zug. Meine Mutter sagt, wir werden Verwandte in Frankfurt besuchen. Stattdessen werden wir in einer anderen Stadt am Bahnhof von einer fremden Frau abgeholt. Sie führt uns in ein großes, hellhöriges Gebäude. Dort gibt es keine freien Schlafräume mehr. Im Erdgeschoss gibt es einen Raum mit einem Bällebad. Dort wird nun unser Schlafplatz für die nächsten Tage sein. Vor lauter Angst versteckt meine Mutter Portemonnaie und Schlüssel unter dem Kopfkissen. Ich verstehe nicht wirklich, wo wir sind. Aber eins verstehe ich: Wir werden nicht zu unserem alten Leben zurückkehren.

Dies war die Nacht, in der ich alles verlor. Ich verlor meine heil geglaubte Familie. Ich verlor meinen Vater, den ich so schnell nicht wiedersehen würde. Ich verlor meine Freundschaften aus der Schule, dem Hort und der Nachbarschaft. Es gab keinen Abschied. Kein Tschüss. Kein Auf-Wiedersehen. Kein festes Umarmen und Loslassen. Kein Daraufvorbereiten. Keine freie Entscheidung. Kein Verstehen. Da stand nun mein achtjähriges Ich. Ängstlich und orientierungslos. Nichts ahnend und haltlos. Verloren und voller Fragen. Zu diesem Zeitpunkt gab es keinen Raum für meine Tränen. Alles, was mir wichtig war, war, dass Mama sich sicher fühlte. Ich kannte Gott nicht und fühlte mich zutiefst einsam und allein. In dieser Nacht zerbrach nicht nur die Ehe meiner Eltern, sondern alles, was ich hatte. Ich verlor die Kontrolle über mein noch zartes und junges Leben. Es lagen Jahre voller Tränen vor mir. Ich befand mich mitten auf der Flucht, gemeinsam mit meiner Mutter in einem Frauenhaus, und im Trennungskrieg meiner Eltern, der noch viele Jahre nach der Trennung tobte und in dem ich mich zerrissen fühlte. Ich weiß, wie es ist, mit leeren Händen dazustehen und darauf angewiesen zu sein, dass Gott sie füllt. Ich weiß, was es bedeutet, wenn alles in Scherben liegt, mit Gott gemeinsam jeden Splitter aufzuheben und neu zusammenkleben zu müssen.

Warum erzähle ich das alles? Zum einen, weil es deutlich macht, warum Ehe mein Anliegen geworden ist. Zum anderen, weil ich glaube, dass ein gewisses Maß an Verwundbarkeit Nähe schafft. Es kann überwältigend sein, so viele Tipps und Ideen in einem Ratgeber entgegengeworfen zu bekommen. Wenn der Mensch dahinter nicht greifbar wird, kann schnell der falsche Gedanke aufkommen, dass bei mir oder anderen alles glattläuft. Aber das stimmt nicht. Jeder Mensch hat seine Geschichte, hat sein Päckchen zu tragen. Doch ich habe durch die Geschichte meiner Eltern gelernt, dass meine Ehe keine Krise erleben muss, damit ich an ihr arbeite. Mein Mann und ich setzten ab Tag eins auf Prävention. Genauso wenig muss eure Paarbeziehung in eine schwere Krise geraten, und wenn ihr aktuell in einer Krise seid, ist es noch lange nicht das Ende, sondern eine Chance zu wachsen. Wenn ich hier ein Buch über Ehe schreibe, dann also zum einen, weil ich die Abgründe der zerbrochenen Liebesbeziehung meiner Eltern über Jahre hinweg miterleben musste, und zum anderen, weil ich durch Gottes unerschöpfliche Kraft eine unaufhaltsame Hoffnung im Herzen trage.

Euer nachhaltiges Anliegen

Bevor es nun aber richtig losgehen soll, möchte ich erst einmal Hallo sagen. Darum: Hallo, ihr beiden, ich bin begeistert, dass ihr euch und eure Liebe zueinander ernst nehmt und offen seid für einen gemeinsamen Lernweg. Es ist mir eine Ehre, euch auf diesem Weg ein Stück zu begleiten.

Vielleicht fragt ihr euch, was euch hier erwartet. Dieses Buch ist euer Begleiter hin zu einem tieferen und verbindlicheren Ja zueinander. Ich wünsche mir, dass euch dieses Ja an jedem Tag begleitet und sich als eine Haltung, als eine tiefe Ja-Gesinnung, verankert. Diese Gesinnung braucht einen gestalteten Erfahrungsraum, will also geformt werden. Und dieses Buch ist genau dafür da. Ihr könnt es allein oder auch zu zweit lesen, so, wie es für euch passend ist. Es lädt euch ein, zu gestalten und vor allem zu wählen, was euch dabei guttut. Ich decke euch den Tisch mit Ideen und schenke euch einen Blumenstrauß an Gestaltungsmöglichkeiten. Dabei dürft ihr gern auch zu Kapiteln vorblättern, wenn bestimmte Themen für euch gerade wichtig sind.

Vor euch liegt nun eine Reise hin zu mehr Verbundenheit, auf der ihr seelische Nahrung füreinander erhaltet. Dieses Buch nimmt euch mit zu neuen, aber auch vertrauten Orten, manchmal sogar mit zu alten und vergangenen Seelenorten. Zum Glück seid ihr zwei auf dieser Reise nicht allein: Gott sitzt mit im Boot. Er ist nicht nur der Dritte im Bunde, er ist der, der euch verbindet. Erst wegen ihm gibt es euren Bund. Seid gewiss: Ihr als Paar seid goldrichtig!

Zudem bin ich fest davon überzeugt, dass ihr hier seid, um eine besondere Aufgabe zu erfüllen. Es braucht ein Anliegen und eine Berufung, um einen Bund zu leben, der andere bereichert. Um aber ein Anliegen zu entwickeln, braucht es die Möglichkeit, das persönliche Innere in Worte zu fassen. Ein Sprachwerk, das hilft, durch den Alltag zu kommen, und eines, das emotional verbindet. In diesem Buch werdet ihr viele Impulse bekommen, die euch dabei helfen können, genau diesen Sprachraum zu entfalten.

Mein Herzschlag ist da, wo meine größte Wunde sich versteckt hat. Ich kenne den tiefen, zerstörerischen, brennenden Schmerz einer kaputten Ehe in all ihren Facetten und mit all ihren denkbaren und undenkbaren Konsequenzen. Nicht aus meiner eigenen Ehe, aber aus dem Zerbruch der Ehe meiner Eltern.

Da gab es, noch bevor ich das Licht der Welt erblickte, diesen unausgesprochenen und doch zugleich unentrinnbaren Auftrag an mich, die Ehe meiner Eltern zu retten und ihren Mangel, den sie in ihrem Zerbruch erlebten, zu stillen. Diesen Auftrag versuchte ich jahrelang auszufüllen. Unbewusst sicherte er mir meine Daseinsberechtigung zu. Dieses übertragene emotionale Erbe lenkte ganz unbewusst mein Verhalten als Kind.

Über die Jahre hinweg konnte ich mich von diesem Auftrag ablösen und meinen erfahrenen Schmerz in ein segensreiches Anliegen umkehren: meine eigene Ehe zu schützen und zu pflegen und anderen Menschen bezüglich ihrer Ehen als Fachperson zu helfen. Aber ich kenne den verheerenden Schmerz und die zerrütteten Überreste, die ein solcher Zerbruch hinterlässt. Ich kann nachempfinden, was es heißt, in einem Familiensystem voller Störungen aufgewachsen zu sein, und welches unsichtbare Leid all das nach sich ziehen kann. Zudem kenne ich die Brisanz, die eine Scheidung innerhalb einer Schamkultur bedeutet, denn meine Eltern sind in Albanien geboren und aufgewachsen und ich hier. Ja, ich habe in all den Jahren viel Leid erfahren müssen, dadurch habe ich aber auch Verständnis gewonnen, Wissen erlangt, eine Betroffenheit gespürt und letztendlich eine Vision entfalten dürfen. Ich persönlich erkenne mein Anliegen darin, den Schmerz in Ehen zu lindern und Paare in ein nachhaltiges Miteinander zu begleiten.

Als ich mit meinem Mann zusammenkam, war mir aufgrund meiner Kindheitserfahrungen von Anfang an bewusst, welche Verantwortung in unseren Händen liegt. Wie groß und kraftvoll die Aufgabe ist, eine Ehe zu führen, und welchen Schaden die fehlende Bereitschaft zur eigenen Korrektur und Reflexion bewirken kann. Die Scherben meiner Eltern konnte ich nicht aufsammeln. Das hätte nie meine Aufgabe sein sollen. Aber ich durfte eine neue Aufgabe annehmen, nämlich meine Paarbeziehung ab dem ersten Tag gemeinsam mit meinem Mann in eine nachhaltige Segenslinie zu führen.

All die Möglichkeiten, die auf dem Weg eines warmen und weichen Miteinanders liegen, möchte ich an euch weitergeben und euch zur Verfügung stellen, und zwar feinfühlig als Paartherapeutin und zugleich als leidenschaftlich liebende Ehefrau. Jährlich führe ich um die vierhundert Gespräche. Die Hälfte davon sind Paargespräche. Davon habe ich zahlreiche mit meinem Mann gemeinsam geführt. Die Bandbreite ist vielfältig: Einige Paare sind jung, andere mitten im Familienleben und andere in ihren Fünfzigern oder Sechzigern. Und so gieße ich einen kleinen Teil des Wissens, das ich im Studium und in meinen Weiterbildungen erworben habe, und meine Erfahrungen als Paartherapeutin sowie als Ehefrau behutsam in diesen Text und schenke euch all dies mit diesem Buch.

Manchmal ist ein Buch auch eine stellvertretende und übersetzende Stimme. Es kann die Worte aussprechen, die vielleicht gerade fehlen. Das hier ist eine Einladung an euch, gemeinsam loszuziehen und eure Paarbeziehung zu gestalten. Dabei schenkt euch dieses Buch einen Blick auf einen Gott, der euch als Paar in allem zur Seite steht. Schon das allein macht Mut und weckt den Wunsch, sich als Paar ins Abenteuer Ehe zu stürzen. Gottes treuer

Zuspruch an euch ist: »Und doch ist es Gott allein, der beides in euch bewirkt: Er schenkt euch den Willen und die Kraft, ihn auch so auszuführen, wie es ihm gefällt« (Philipper 2,13).

Zudem gibt euch dieses Buch drei verschiedene Dinge mit an die Hand:

- **Psychoedukatives Wissen:** Ihr werdet fachliche und paartherapeutische Inhalte zahlreicher Studien, Lese- und Weiterbildungsstunden entdecken. An dieser Stelle ist mir Folgendes wichtig zu betonen: Ich stelle euch hier viel unterschiedliches Wissen zur Verfügung. Etliches davon habe in Vorlesungen und Weiterbildungen gelernt, und natürlich habe ich die Dinge nicht neu erfunden. Vieles habe ich aufgesaugt und kann nicht mehr genau zuordnen, was ich wann und wo gehört oder gelesen habe, dennoch habe ich versucht, alles transparent zu belegen. Zudem werdet ihr auch viele von mir selbst entwickelte und in der Paartherapie bewährte Methoden und Reflexionsfragen entdecken.
- **Alltagseinblicke**: Ich schenke euch hier und da in Absprache mit meinem Mann kleine Einblicke in unsere Ehe und in das, wie wir unsere Ja-Gesinnung in unserem Leben gestalten.
- **Übungsfelder und Fragen:** Immer wieder wird es praktische Abschnitte geben, in denen ihr aktiv werden könnt. Euch erwarten zwischendurch Kästen mit Fragen, die ihr beantworten und über die ihr euch austauchen könnt. Hier begebt ihr euch sozusagen auf euer ganz eigenes Übungsfeld. Am besten legt ihr euch jeder ein Notizbuch und einen Stift parat, damit ihr eure Antworten und Gedanken jeweils notieren könnt.

Allein die Tatsache, dass ihr gemeinsam als Paar oder auch erst mal für euch selbst zu einem Buch über Paarbeziehung greift, offenbart schon, dass ihr eine Ja-Gesinnung habt und diese entfalten wollt. Ihr habt ein Anliegen und den Wunsch einer Ehe, die gelingt. Das ist bereits ein zutiefst edles und nachhaltiges Anliegen.

Die Ja-Gesinnung

Da Gott sein Konzept von Ehe für sehr gut erklärt hat, schaue ich am liebsten auf ihn. Gott ist der Erfinder von Ehe. Gott ist der Eheexperte schlechthin. Die Bibel nennt Jesus »Wunderbarer Ratgeber« (Jesaja 9,5). Wie sehr liebe ich diese Stelle. Er überträgt uns aber auch ganz viel Verantwortung. Wir dürfen entscheiden, wie wir Beziehungen gestalten wollen. Wenn es aber um Veränderungsprozesse geht, dann hat er einen besonderen Rat für uns: »Lasst euch in eurem Denken verändern und euch innerlich ganz neu ausrichten« (Epheser 4,23). Genau das führt mich zu dem schon genannten Begriff: die Ja-Gesinnung.

Was meine ich damit? Kurz: Es ist eine Haltung und eine Art zu denken, die bereit ist, die Paarbeziehung mit allem Wohltuenden, das im Rahmen der Möglichkeiten liegt, zu versorgen. Das bedeutet nicht, völlig grenzenlos ineinander zu verschmelzen, sondern sich innerhalb gesunder Grenzen großzügig einander zuzuwenden und sich gegenseitig seelisch zu nähren. Es ist die Bereitschaft, mit allen Schätzen, die einem emotional, materiell und zeitlich zur Verfügung stehen, seinem Lieblingsmenschen liebevoll zu begegnen und dranzubleiben. Drei besondere Merkmale zeichnen die Ja-Gesinnung aus:

1. Die Ja-Gesinnung priorisiert das Paarsein.
2. Sie legt einen Fokus auf Verbindung und ist bereit, sich emotional zu engagieren, um durch seelische Nahrung in Form von Sprache emotionale Nähe herzustellen.
3. Sie ist so tief in einem Menschen verankert, dass die Bereitschaft, das Paargeschehen zu nähren, zu einem festen Charakterzug wird. Das ist die höchste Stufe der Ja-Gesinnung.

Dieses Buch unterstützt euch dabei, eure Ja-Gesinnung zu schulen, und lädt euch ein, das große Ja, das sich Paare geben, in viele kleine Jas aufzuteilen. Diese vielen kleinen Jas werdet ihr im Laufe des Buches noch kennenlernen.

Von Spaziergängen und Wanderwegen

Ja zu sagen bedeutet, sich all dem Schönen zu widmen, das eine Paarwelt zu bieten hat. Dieses Buch lädt euch ein, euer Paarsein zu feiern – all das Leichte, Fluffige und Blumige zu genießen. Ich nehme euch mit auf Spaziergänge, auf kurze und längere, durch all die schönen Landschaften, die euer Paarsein zu bieten hat.

Wer jedoch eine Weile gemeinsam durchs Leben tanzt, erfährt auch Herausforderungen. Nicht nur ältere Paare, sondern auch viele junge Paare wissen unabweislich: Jedem Paar begegnen Stolpersteine. Das Leben, das uns von außen vor Herausforderungen stellt, aber auch unser emotionales Gepäck, die Anteile, die wir mitbringen, können überwältigend sein. Genau deswegen nimmt euch dieses Buch nicht nur auf Spaziergänge mit, sondern auch auf Wanderwegen, die euch zu Überwindern machen. Gemeinsam machen wir uns mit eurem Gepäck auf durch die Berge und Täler. Dabei gilt es, sich auch den inneren und äußeren Gepäckstücken behutsam zuzuwenden. Viele sind ständig auf der Suche nach neuen Tools, nach etwas, das schnell hilft. Das alles hat seine Berechtigung. Für Wanderwege dagegen braucht man Zeit, um sie zu bewältigen. Genauso kostet es Zeit und Bereitschaft, sich den biografischen Spuren zuzuwenden. Aber es lohnt sich.

Dieser Wanderweg kann für jedes Paar zu einer noch verbundeneren Zukunft führen, denn etwas, das fast jedes Paar nach einigen Sitzungen feststellt, ist, dass man innerhalb einer Beziehung mit seinem Gegenüber so spricht, wie früher mit einem selbst gesprochen wurde, oder dass man sein Gegenüber so erlebt, wie man Bindungspersonen in seiner Kindheit und Jugend erlebt hat. Da wiederholt sich etwas, da wird etwas Altes aktualisiert: Geborgenheit und Schmerz. Macht und Ohnmacht. Vertrauen und Angst. Zuwendung und Abwendung.

Das Gemenge unserer kindlichen Erfahrungen, und zwar sowohl der wohltuenden als auch der schmerzlichen, vermischt sich mit unserem Hier und Jetzt. Muss uns das beunruhigen? Auf keinen Fall: Mit unserem Gegenüber können wir Uraltes überschreiben, ein zutiefst heilsames Korrektiv erleben und neue Beziehungserfahrungen über alte legen. Wir können unseren Lebenspfad neu beschreiben.

Was wir nicht verkennen dürfen, ist, dass wir unsere Prägung nicht einfach abschneiden, uns umdrehen und nach vorne schauen können, als wäre sie bedeutungslos. Sie bleibt bei uns. Sie zählt. Sie ist nicht egal. Sie richtet sich ein und beeinflusst unbewusst unser Handeln und Fühlen im Hier und Jetzt. Wir können sie nicht mal eben wie ein Gewand abstreifen. Nein, sie kommt in einem anderen Kleid immer wieder ans Tageslicht.

Die vergangenen Erfahrungen jedes Einzelnen in seinem ursprünglichen familiären Umfeld und in seiner frühkindlichen Entwicklung haben mit den größten Einfluss auf eine Paarbeziehung. Das Gute ist aber: Alles, was wir verstehen, kann uns daran hindern, unbewusst alte verinnerlichte Reaktionsmuster zu wiederholen. Genau darum wird es in einigen der Kapitel gehen. Denn eins ist paradoxerweise wahr: Zurückblicken bringt Paare nach vorne.

Ob ihr zu Beginn lieber erst einmal spazieren gehen und euch der gemeinsamen Wundertüte des Gestaltens widmen wollt oder gleich mit der Wandertour starten wollt, ist euch überlassen. Ihr entscheidet, was ihr gerade am meisten braucht. So oder so: Ich freue mich auf die gemeinsame Reise mit euch.

Unterlagen zum Download

Bevor es nun richtig losgeht, habe ich noch ein kleines Geschenk für euch: Der hier abgebildete QR-Code führt zu meiner Homepage (https://schneider-ira.com/downloads/). Dort findet ihr Material aus diesem Buch zum Download, das ihr für euch nutzen könnt.

Die Paarwelt formen: Eure Paarbiografie entdecken und den Gestaltungsraum füllen

Liebeshormone versus Realität

Wie in vielen Liebesbeziehungen seid auch ihr vermutlich in einem Höhenflug voller explodierender Liebesgefühle durchgestartet. Ich zumindest erinnere mich noch gut an all die Abende, in denen es für mich unmöglich war, aus Braunschweig noch den letzten Zug nach Hannover zu bekommen. David und ich hatten uns aus unseren stundenlangen Gesprächen einfach nicht lösen können, und nicht selten hat er mich noch nachts um 2 Uhr mitten in der Woche nach Hause gefahren. Ein Whatsapp-Chat ist mir noch in lebhafter Erinnerung: Um 4.30 Uhr schrieb er »Gute Nacht« und um 5.20 Uhr »Guten Morgen«. Wenige Stunden später saß ich schon wieder im Zug zu ihm. Ja, verliebt sein ist wie eine Droge!

Es ist beflügelnd, es ist aufregend und es ist ein Gefühl der puren Ekstase. Uns schossen all die wunderbaren Gedanken, die wahrscheinlich viele Paare kennen, durch den Kopf: *Der andere liebt mich tatsächlich. Wow! Er will mich! Sie will mich!*

Mitten im Liebesstrom war uns aber eines bewusst: Wir müssen bewusst investieren. Wir befanden uns zwischen tanzenden Liebeshormonen und unserem realistischen Verstand. Das war der Zeitpunkt, an dem unsere Ja-Gesinnung anfing, sich zu formen. Wir waren in guter Gesellschaft durch unsere Freundschaften, bei denen wir miterleben durften, wie andere in ihre Ehen investiert haben. Immer wieder bin ich dankbar dafür, dass wir direkt zu Beginn unserer Beziehung den Beschluss gefasst haben, Arbeit in unsere Partnerschaft zu investieren. Unser gesunder Verstand hat uns also auf das hingewiesen, was wir in unserem Elternhaus nicht vorgelebt bekommen haben. Auch mein Mann ist ein Trennungskind. Sprich: Wie eine heile und liebevolle Ehe ein Leben lang halten kann, haben wir nicht am Modell lernen können. Daher dachten wir uns, dass es sinnvoll ist, sich direkt auf ein Lernabenteuer zu begeben.

Für mich ist es heute der größte Dienst als Christin, mit meinem Mann gemeinsam unsere Beziehung zu gestalten, denn ich durfte erkennen, welchen Stellenwert Ehe in Gottes Liebesplan mit uns Menschen hat. Eine gesunde Grundlage für die Menschen zu legen, die wir bereits prägen, die wir, wenn wir Eltern werden sollten, prägen werden und die anschließend andere wieder prägen werden, empfinden David und ich als unsere wichtigste und verantwortungsvollste Aufgabe, die uns von Gott übertragen wurde.

So saßen wir sechs Monate nach Beziehungsbeginn in einem Paarseminar und waren schockiert. Da saßen Paare, die dieses Seminar womöglich einige Jahre zu spät gebucht hatten: Paare in der Krise. Und dennoch saßen sie dort, waren einen Schritt gegangen. Das allein zählte. Nicht nur Intervention ist wichtig, sondern auch Prävention. Und genau das kann eine gut gepflegte und wohltrainierte gemeinsame Metaebene leisten: Sie ist sozusagen die Prophylaxe für bevorstehenden Ehekaries. Ehe ist eine echte Chance. Sie ist eine Plattform und ein immenser Gestaltungsraum, den ein Paar betreten, gestalten und erweitern kann.

Deswegen: Ihr habt Platz für eure Liebe, für eure Werte und ihr nehmt Einfluss auf andere, ob ihr wollt oder nicht. Von euch kann etwas ausgehen, das mit Gottes Hilfe zu fließenden Segensströmen werden kann, die in Dürrezeiten erfrischen und Saatböden für andere bereiten.

Eure Paarbiografie

Heute fiel mein Blick auf ein besonderes Bild von mir und meinem Mann. Es ist schon etwas älter und ich muss immer etwas schmunzeln, wenn ich es anschaue. Es ist vier Tage nachdem wir ein Paar geworden waren, entstanden. Ich war auf einer Hochzeit eingeladen und durfte ganz spontan noch mein *plus-one* mitbringen. Ich finde, man sieht uns unsere Schüchternheit und unser Hals-über-Kopf-verliebt-Sein an. Ich liebe dieses Bild und mag es, damit immer mal wieder durch die Zeit zu reisen.

Wisst ihr, was ich auch liebe? Frisch verliebte Paare und die Art, wie sie sich anhimmeln und nicht voneinander lassen können. Und Paare mitten in der Rushhour des Lebens, wie sie sich zwischen Kindern, Haushalt, Job und Schlaflosigkeit gegenseitig supporten. Paare, die Kinder im Teeniealter haben und Reife und Weisheit durch ihre Erfahrungen ausstrahlen. Und ältere Paare, die über die Jahre hinweg aneinander festgehalten haben und nun Entschleunigung, Zeit und ein leeres Nest mit Neuem füllen. Jedes Paar hat in jeder Lebensphase etwas Inspirierendes, und ich möchte gern von ihnen lernen.

Egal, zu welchem Zeitpunkt ihr dieses Buch in euren Händen haltet, Gott hält Wunderbares für euch bereit. Auch das, was jetzt noch nicht sichtbar ist. Gott schreibt mit jedem Paar eine ganz besondere Geschichte. Und ich freue mich, dass ich mit euch gemeinsam an dieser Geschichte ein wenig mitschreiben darf. Eine Geschichte, die sich wie eine Segenslinie durch die kommenden Generationen ziehen wird. Seid ihr bereit, euch auf das Abenteuer einzulassen? Wenn ich an Geschichten denke, denke ich an die Zukunft. Mein Blick richtet sich nach vorne. Doch in diesem Kapitel möchte ich euch erst mal dazu einladen, auf Zeitreise zu gehen und eure gemeinsame Paarbiografie neu zu entdecken. Ich bin fest davon überzeugt, dass ihr darüber staunen werdet, was euch als Paar ausmacht und was ihr bereits erlebt habt.

Liebesgeschichte

Die schönste Liebesgeschichte aller Zeiten ist eure

»Also, erst sind wir hier entlanggelaufen. Nee, genau genommen da entlang. Und dann sind wir dort noch abgebogen.« So oder so ähnlich klangen die Freunde meines Mannes, als sie uns letztes Jahr besuchten. Sie erzählten mir, wie mein Mann sie den Pfad entlanggeführt hatte, auf dem er mich damals gefragt hatte, ob ich ihn heiraten würde. Abends, als wir alle noch beieinandersaßen und bevor sie mir berichteten, wo sie unterwegs gewesen waren, fragten sie mich, ob ich wohl erraten könne, an welcher Stelle sie zu dritt ein Foto gemacht hätten. Aus irgendeinem Grund ahnte ich sofort, dass es die Stelle war, an der er mir damals den Heiratsantrag gemacht hatte.

Nun ist dieser Antrag bald sechs Jahre her und nach wie vor spüre ich die Funken in meinem Herzen. Allein die Tatsache, dass er seinen Freunden so begeistert und liebevoll davon erzählt hatte, hat mich tief berührt. Zu wissen, dass er unsere gemeinsame Geschichte bewahrt und diese für ihn als besondere Erinnerungsspur verankert ist, bedeutet mir viel. Immer mal fragen uns Menschen: »Wie habt ihr euch eigentlich kennengelernt?«, und diese Frage löst bei uns immer Begeisterung aus. Wir beantworten sie von Herzen gern, da dem Anfang unseres Zusammenkommens ein besonderer Schimmer der Freude innewohnt. Oder wie Hermann Hesse es in seinem Gedicht »Stufen« so schön formulierte: »Und jedem Anfang wohnt ein Zauber inne.«[1] Was passiert da eigentlich zu Beginn?

Aus zwei Leben wird ein gemeinsames. Zwei Menschen, die vorher eigene Entscheidungen getroffen haben, entscheiden sich nun fortan, gemeinsam ihren Alltag miteinander zu verweben und in gemeinsamer Absprache zu führen.

Eure Geschichte ist von immenser Bedeutung

Vor allem in Paartherapien, wenn für das Paar die Hoffnung am Horizont kaum noch zu erkennen ist, sind die Fragen über den Beziehungsbeginn und darüber, was es war, was sie am Anfang zusammenbrachte und was sie sich voneinander wünschen, essenziell. Es ist übrigens unheimlich wichtig, dass Paare den Zauber ihres Beginns rückblickend nicht verleugnen oder bagatellisieren. Das bestätigt auch John Gottmann in seinen Forschungsergebnissen. Er fand heraus, dass 94 Prozent aller Paare, die den Anfang ihrer Liebesgeschichte weiterhin als solche betrachten, auch in Zukunft ihre Ehe glücklich gestalten.[2]

Das möchte ich euch an einem interessanten Beispiel verdeutlichen. Zwei Paare waren zu mir gekommen. Beiden stellte ich dieselben Fragen und beide reagierten unterschiedlich auf die Frage nach ihrem Beziehungsbeginn. Ihre Ausgangslage war ähnlich: Beide Paare hatten schwierige Jahre hinter sich und waren überflutet von jahrelanger Verletzung, Enttäuschung und Wut. Die Sitzungen verliefen zäh. Die Kooperation hielt sich in Grenzen und ich spürte kein Gefühl mehr bei den Paaren. Ich fragte mich, weshalb sie da waren und was ihr eigentliches Anliegen war. Oft gibt es nämlich auch in Therapieprozessen unausgesprochene Aufträge wie »Verändern Sie bitte meine Partnerin« oder »Sorgen Sie dafür, dass, wenn ich mich bald trenne, mein Partner nicht durchdreht«.

Bei dem einen sehr viel jüngeren Paar erlebte ich folgende Situation: Ich schaute sie ruhig an und fragte: »Was wünschen Sie sich voneinander?«

Es folgte Stille. Eine lange Stille. Ich hielt mit ihnen die Stille aus. Nach einer Weile gaben sie zu verstehen, dass ihnen keine Antwort einfalle.

Also fragte ich: »Was hält Sie noch zusammen?«

Wieder diese Stille. Ich hätte eine Stecknadel fallen lassen können und sie wahrscheinlich gehört.

Also fragte ich sie nach dem Beginn ihrer Beziehung: »Was haben Sie zu Beginn Ihrer Beziehung aneinander geschätzt?«

Erneut Stille. Da war dicke Luft. Da war Schwere. Da war tatsächlich wenig Hoffnung auf Besserung.

Ganz anders reagierte das andere, ältere Paar, das ebenfalls eine herausfordernde Zeit durchlebte. Sie konnten für einige Augenblicke Freude empfinden. Zuvor nahm ihr Schmerz sie noch ein, doch bei dieser Frage sprudelte es auf einmal aus ihnen heraus: »Das ist unsere Lieblingsgeschichte!«

Was für ein wunderbares Zeichen, wenn der Anfang der Paargeschichte positiv verankert ist.

Ein kleiner Einblick: Die Kennenlerngeschichte von mir und meinem Mann

Als hoffnungslose Romantikerin liebe ich alle Kennenlerngeschichten von Paaren, deswegen möchte ich euch auch einen kleinen Einblick in Davids und meine Geschichte geben. Und da es im Anschluss daran gleich um eure Geschichte gehen wird, kann sie euch vielleicht als ein Mutmacher dafür dienen, wie schön es sein kann, sich an die ersten Tage und Wochen zu erinnern.

Mai 2016. Ein Frühlingstag. Ich erinnere mich ziemlich genau, wie ich mit meiner Freundin Esthi im Auto saß. Sie und ihr Mann waren umgezogen und planten eine Einweihungsfeier. Ich freute mich schon darauf, ihr neues Zuhause mit ihnen zu feiern. Ich war aber auch ganz schön neugierig, wer so auf der Party sein würde. Damals ging Esthi noch in Braunschweig in eine Kirche. Sie leitete dort viele Jahre mit Herz und Seele ein Kindermusicalprojekt. Esthi konnte nicht wissen, dass es einer meiner größten Wünsche war, ebenfalls ein Kindermusical auf die Beine zu stellen. Als Zwölfjährige nahm ich mal an einem Schulmusical teil, und es war eines der wundervollsten und prägendsten Erlebnisse für mich. Das lag vor allem an meiner Musicalleiterin. Sie war meine Heldin. Ich liebte sie einfach. Sie war für uns alle da, brachte uns das Singen, Tanzen und Theaterspielen bei. Ich durfte für meine Rolle sogar ihre schwarzen Stöckelschuhe tragen und fühlte mich total geehrt. Ja, ich wollte eines Tages im wahrsten Sinne des Wortes in ihre Fußstapfen treten und genau wie sie ein liebevolles und bestärkendes Projekt für Kinder realisieren. Da war er, mein leiser, geheimer Wunsch, ohne zu wissen, dass Gott bereits schmunzelnd alles in die Wege geleitet hatte.

Esthi hatte mich einige Monate vorher gefragt, ob ich Lust hätte, das Projekt fortzuführen, da sie sich durch ihren Umzug auch von der Kirche verabschieden würde. Ich hatte zugesagt und freute mich schon riesig auf den Herbst, wenn das Projekt starten sollte.

Ich wusste auch, dass ich dann neue Menschen in ihrer Kirche kennenlernen würde, und hoffte, die eine oder andere Person auf ihrer Einweihungsfeier bereits kennenzulernen. Vielleicht würde ich ja auch einen besonderen Mann kennenlernen.

Da saß ich nun mit Esthi im Auto und konnte meine Neugier nicht zurückhalten. Es platzte einfach aus mir heraus: »Und, habt ihr gerade auch irgendwelche coolen Männer bei euch in der Kirche?« Und da fiel zum ersten Mal Davids Name. Aha, ein David. Ich merkte mir den Namen und hielt auf der Party nach ihm Ausschau. Ich entdeckte tatsächlich einen David. Dieser saß auf einem Liegestuhl und hatte etwas schlechte Laune. Außerdem sah er so gut aus, dass ich dachte, der kann nur arrogant sein. Tja, Haken hinter diesem David dachte ich mir. Ihm wiederum hing eine ganz andere Situation nach.

Später saßen wir draußen im Garten an einem langen Tisch. Teilweise saßen da auch Menschen aus Braunschweig, die bei dem Musicalprojekt mitmachen würden. Ich fand, das war eine Spitzengelegenheit, die alle besser kennenzulernen. Also schlug ich ein, wie ich fand, lustiges Namensspiel vor. Jeder sollte seinen Namen und passend zum Anfangsbuchstaben ein Tier nennen. Ich konnte alle begeistern und für dieses Kennenlernspiel gewinnen. Fast alle. Mein noch weit entfernter Zukünftiger fand das total durchgeknallt und hatte alles andere als Lust darauf. Sein bester Freund übernahm den Job und nannte ihn »David Dromedar«. Durch das komische o in dem Wort Dromedar hatte ich David schon bald wieder vergessen und ihn irgendwie im Hinterkopf als einen Dominik abgespeichert. Fazit: Keine Liebe auf den ersten Blick. Puh, zum Glück gibt es einen zweiten Blick, und so kam es, dass wir uns einige Monate später in Braunschweig wieder begegneten. Wir liefen uns ab da immer mal wieder über den Weg. Jedes Mal war er mir sympathisch, doch mehr auch nicht.

Am Abend vor der Musicalaufführung musste ich noch den geplanten Ablauf für die Mitarbeitenden ausdrucken. Und das war der Abend, da hatte er mich. Ich entdeckte ihn, wie er gerade mit der Jugendgruppe, die er mitleitete, Tabu spielte. Mein Herz hüpfte. Noch dazu: Tabu war mein absolutes Lieblingsspiel. Er war völlig in seinem Element und lachte aus vollem Halse. Da saß er, dieser sehr attraktive Mann, und sein Lachen hallte durch den Raum. Von ihm ging eine unglaubliche Wärme und Zugewandtheit aus. Ich spielte nicht mit, kam aber dazu und fühlte mich angenommen und eingeladen. Er war so warmherzig, fröhlich und liebevoll. Da war es um mich geschehen.

Nach der Musicalaufführung suchte ich einen unauffälligen Vorwand, um ihm zu schreiben. Zum Glück fiel mir ein, dass er die Bühnenelemente spontan mitabgebaut hatte. Eine gute Möglichkeit, ihm eine kleine Minidankesnachricht über Facebook zu schreiben. Und ja, damals hat man sich noch über Facebook geschrieben. Kurze Zeit später hatte er mir schon geantwortet. So ging es eine Weile hin und her, bis wir bei Whatsapp landeten. Whatsapp führte zu Telefonaten, und dann gab es ein erstes, ein zweites und noch einige weitere Dates.

Mir fallen noch so viele Momente aus der Anfangszeit unserer Beziehung ein. Vor allem an einen gemeinsamen Tag, den wir mit einem Spaziergang am See beendeten, muss ich immer wieder denken. An diesem Tag konnten wir uns nicht so richtig voneinander verabschieden und spürten, dass wir uns eigentlich gar nicht mehr voneinander trennen wollten.

David, der noch in Braunschweig lebte, fuhr mich an jenem Abend nach Hannover. So langsam wurde es vertrauter. Waren das nur Dates? Oder waren wir schon ein Paar? Wir waren uns nicht ganz sicher, wollten uns noch mal Zeit nehmen und unsere Entscheidung in Ruhe überdenken. Kurz darauf fuhr ich für ein paar Tage nach Österreich und so hatte jeder etwas Zeit für sich.

Doch einige Zeit später, an jenem Abend auf dem Parkplatz in der Nordstadt, als die Abenddämmerung längst hereingebrochen war, schaute David mich an und sagte: »Wenn ich das mit dir anfange, dann ziehe ich auch alles mit dir bis zum Ende durch.« Mehr musste er nicht sagen. Ich wusste, dass dieser Mann ein Herz aus Gold hatte. Was für ein Commitment. Wir verabschiedeten uns und einige Tage später wurden wir ein Paar. Bis zum Ende durchziehen, was für ein Weitblick. Nun muss ich etwas schmunzeln, denn während ich das hier schreibe, fällt mir auf, dass wir in unsere Eheringe »Bis ans Ende unserer Tage« haben eingravieren lassen.

Wenn ich an diese intensive Zeit zurückdenke, erinnere ich mich an so vieles. Ich erinnere mich an das erste Mal Händchenhalten, das durch ein gemeinsames Gebet fast schon zu fromm zustande kam. Ich erinnere mich an Davids ersten Blumenstrauß, an sein ungewöhnlich aufgeräumtes Jugendzimmer, das sogar staubfrei war. Ich sehe vor meinen inneren Augen die kleine Gummibärchentüte, die er mir aus einem Schuhladen mitbrachte und schenkte. Ich sehe die kleinen Honigwaffeln, die ich hinstellte, als er mich das erste Mal in meinem WG-Zimmer besuchte. Ich sehe ihn am Bahngleis, wie er einen langen Text in sein Handy tippte, um mir seine Gedanken strukturiert mitzuteilen. Ich sehe uns bei McDonald's, wie wir uns um 23 Uhr über unsere Herkunftsfamilien unterhielten. Ich sehe uns, wie wir am See spazieren gingen und ein erstes gemeinsames Foto machten. Ich sehe uns bei unserem ersten Date, wie ich vor lauter Aufregung an ihm vorbeiging, welche Ohrringe ich an dem Tag trug, wie komisch ich sein Hemd fand, wie ich ihm etwas von meiner Handcreme abgab, wie er vorsichtig auf meine Schulter tippte und meine Nervenfasern diese Berührung haargenau spürten, wie ich zum Abschied vor lauter Überforderung der Umarmung auswich, wie ich abends zu meinem Handy ging und sah, dass er mir eine lange Nachricht geschrieben hatte. Das erste rote Herz bei Whatsapp, die ersten »Guten Morgen«-Nachrichten, der erste Kuss, die erste Geburtstagsparty, auf die wir als Paar gingen, die erste Hochzeit, auf der wir tanzten, das erste eingerahmte Foto, die vielen verpassten Züge, weil wir uns nicht trennen konnten, wie ich vor meiner Hausarbeit saß und mich nicht konzentrieren konnte und ein Foto von David spannender war. All diese Momente haben sich tief in mein Herz gebrannt und keinen einzigen Moment möchte ich missen.

Learn to tell your story

Ich glaube, jedes Paar kann lernen, die eigene gemeinsame Geschichte für sich zu bewahren. Wie ein inneres gedankliches Erbstück muss es sowohl sicher archiviert als auch immer wieder entstaubt werden. Jedoch ist es nur dann wertvoll, wenn es immer wieder aus dem Schrank der gemeinsamen Erinnerungsspuren hervorgeholt und liebevoll betrachtet wird.

Die Geschichte eures Zusammenkommens ist der Beginn eurer Reise, und in ihr liegt ein Stück weit eure Magie. In eurem Zusammenkommen schlägt sich nieder, wie ihr euch verliebt habt. Ihr habt festgestellt, dass es bei eurem Gegenüber wundervolle Anteile gibt, die euch selbst fehlen und die der andere euch schenkt, mit dem er oder sie euer Leben unersetzlich bereichert. Kultiviert miteinander eine Welt als Paar, in der ihr euch immer wieder erinnert. Haltet euch vor Augen, warum ihr euch ineinander verliebt habt. Ihr werdet jedes Mal, wenn ihr euch erinnert und über eure Gedanken, Gefühle und Anekdoten aus der Vergangenheit austauscht, feststellen, dass euch immer noch etwas Neues einfallen wird.

JETZT SEID IHR DRAN

- Was hat euch zu Beginn aneinander begeistert und fasziniert?
- Was hat euch zueinandergeführt?
- Was macht eure Geschichte so einzigartig?
- Wie war die Chronologie eures Beziehungsstarts? Was ist zu welchem Zeitpunkt passiert?
- Stellt euch vor, ihr trefft eure Ururenkelkinder: Wie würdet ihr eure Liebesgeschichte erzählen? Schreibt ihnen einen gemeinsamen Brief über eure Liebe.

Das Trauversprechen

Romantisch, wie ich bin, freue ich mich, wenn ich zu einer Hochzeit eingeladen bin, das ganze Jahr über auf diesen Tag. Ein strahlendes Brautpaar, das ich gemeinsam mit anderen bejubeln darf. Eine anmutige, edle und umwerfend schöne Braut in einem prachtvollen Kleid übersät mit Spitze, Perlen und funkelnden Akzenten. Ein Bräutigam, dessen Lächeln von einem Ohr zum anderen reicht. Eine berührende Traupredigt. Familie, Freundinnen und Freunde, die vor Freude tanzen. Zauberhafte Deko. Wimpelketten, Kerzenschein, Lichterketten. Blumen über Blumen. Hach, Hochzeiten begeistern mich.

Wisst ihr, welcher der Moment ist, der für mich den Tag eines solchen Festes krönt? Der überwältigende Augenblick des Trauversprechens. Ich schmelze regelrecht dahin. Zugegebenermaßen kommen mir bei fast jedem Trauversprechen die Tränen. Das, was da vor mir passiert, ist etwas, das mich mit großer Dankbarkeit erfüllt. Es ist ein Wunder, das ich mit anderen bezeugen darf.

Zwei Menschen, die mutig sind und erwartungsvoll in die Zukunft schauen. Die sich so sehr lieben, dass der Gedanke, ohneeinander durchs Leben zu gehen, außer Frage steht. Diese zwei Menschen sagen Ja. Ja für die nächsten Jahre und Jahrzehnte. Wow! Was für ein weitreichendes Versprechen. Was für ein Wendepunkt im Leben. Was für eine Verantwortung. Und vor allem: was für eine besondere Chance, etwas Gemeinsames zu gestalten und zu schaffen. Etwas, das auch noch dann, wenn der Tod das Paar geschieden hat, unverkennbare Spuren hinterlassen wird. Etwas, das sich als Erbe in den Herzen anderer Menschen entfalten darf.

Was braucht dieses Versprechen, um nachhaltig zu sein? Was braucht es, um dieser Tragfähigkeit gerecht zu werden? Vor dieser Frage standen David und ich ebenfalls, als wir geheiratet haben. Wir fragten uns, welche Haltungen wir einnehmen wollen. Fragten uns, was es für uns konkret bedeutet, dass der andere ein Kind Gott ist, und was schwere Zeiten brauchen, um sie gemeinsam zu überstehen. Wir schrieben alle Stichworte und Gedankenfetzen nieder. Dann flossen unsere Ideen und es entstanden immer mehr Sätze, die wir einander zusprechen wollten. Jeder Satz stand für sich allein und war unverzichtbar.

Es entstanden drei Teile: ein gemeinsamer Teil, ein Visionsteil und ein individueller Teil. In einige unserer Versprechen möchte ich euch einen Einblick gewähren: Wir versprachen einander, uns in der jeweiligen Fehlbarkeit und Unvollkommenheit anzunehmen. Wir versprachen einander, neugierig zu bleiben. Wir versprachen einander, dass wir Lernende bleiben wollen. Wir versprachen einander, dass wir uns immer wieder entschuldigen wollen, auch wenn es bedeutet, den eigenen Stolz zu überwinden. Wir versprachen einander, in Worten, Taten und Gedanken treu zu sein. Wir versprachen einander, dass Geld nicht wichtiger als Zeit sein sollte. Und wir versprachen einander, uns zu Jesus hinzulieben.

Ich erinnere mich noch ziemlich genau an den Moment unseres Trauversprechens. Es waren für mich die atemberaubendsten und schönsten Minuten unserer gesamten Hochzeit. David versetzte mich mit seinen tiefen und durchdachten Worten völlig in Staunen. Ich wusste, wie viel Mut ihn das Ganze gekostet haben musste. Völlig unerwartet und unaufhaltsam flossen seine Tränen und er war ganz bei sich, ganz bei uns und ganz bei Jesus. In diesem Moment war es völlig egal, dass die Kirche voll war. In dem Moment passierte etwas in der sichtbaren und unsichtbaren Welt. Ein Bund wurde geschlossen, von einer ganzen Hochzeitsgesellschaft bezeugt, besiegelt und unter Jesu Segen gestellt.

An diese Verbundenheit erinnern wir uns immer wieder. So nehmen wir uns regelmäßig Zeit und sprechen uns unser Trauversprechen gegenseitig erneut zu. In diesem Zusprechen, Versprechen und neu Entscheiden liegt wohl das Geheimnis eines Trauversprechens. Jedes Mal, wenn wir es uns wieder zusprechen, spüre ich, wie nervös ich bin, spüre, wie ungestüm kraftvoll es ist, sich dieses heilige Versprechen neu zu geben.

Erst kürzlich haben wir es uns wieder vorgelesen. Kaum zu glauben, dass diese Zeilen wie ein Fundament sind, auf dem wir stehen. Wir stellten fest, dass einige dieser Versprechungen sich wirklich schon erfüllt haben. Aber es gibt auch die Momente, in denen ich mich ehrlicherweise ertappt fühle und merke, wie das Trauversprechen ein für mich notwendiges Korrektiv ist. Eins, das mich sanft daran erinnert, meinen Stolz loszulassen, meinen Egoismus zu erkennen und mein Herz weich zu halten. Ich bin froh, dass unser Trauversprechen durch das jährliche Lesen präsent bleibt und wir unsere Ehe dadurch gestalten.

Diese Worte sind unsere Grundlage. Sie sind unser Wegweiser, unsere Liebeserklärung aneinander und an Gott. Sie sind ein Zeitdokument und gehören zu unserer Reise als Paar dazu. Sie sind Teil einer Segenslinie, Symbolträger und Beweis unserer Liebe.

Das Eheversprechen ist einer der Meilensteine in der eigenen Paarbiografie und sich an diesen Schatz zu erinnern, setzt Gefühle von Dankbarkeit, Einheit und Verbundenheit frei.

Um ehrlich zu sein: Es gibt etwas, das ich nur schwer aushalten kann. So gern ich mich mit in das Wunderland der Hochzeitsvorbereitungen stürze, so sehr schmerzt es mich, wenn das Trauversprechen während der Hochzeitsvorbereitungen nicht ernst genommen wird. Das Testen von Torten und Menüs kann schnell einen höheren Stellenwert einnehmen als die Worte, die jahrzehntelang tragen, begleiten und stärken sollen. Daher finde ich, dass es sich lohnt, mitten in den stressigen Vorbereitungen auch Zeit in das Trauversprechen zu stecken.

Jedes Trauversprechen läuft anders ab. Einige sprechen es sich gegenseitig zu, andere lassen es von der Pastorin, dem Pfarrer, einer Standesbeamtin oder dem Priester vorlesen. Die einen leihen sich Worte, die anderen formulieren sie selbst, komponieren ein Lied oder schreiben ein Gedicht. Jedes Trauversprechen ist einzigartig und kraftvoll. Heutzutage ist jedes Liebesfest mindestens genauso einzigartig wie das jeweilige Paar. Erinnert euch gemeinsam zurück: Schnappt euch euer Gelübde und lest es euch heute oder in den kommenden Tagen vor. Wenn ihr es nicht schriftlich habt, dann ruft die Pastorin, den Priester oder Pfarrer an und fragt noch mal nach. Falls es eine Aufnahme gibt, schaut euch das Video an, spult zu dem Moment der Momente und schreibt die Zeilen nieder. Festigt eure Geschichte. Lernt, sie euch immer wieder gegenseitig zu erzählen. Stiftet eine gemeinsame Identität eurer Liebe und lasst eure Paarbiografie wachsen. Wappnet euch, eure Geschichte noch euren Urenkelkindern zu erzählen, damit diese sie ihren Kindern weitergeben können. Lest euch euer Trauversprechen vor. Oder, wenn ihr noch nicht verheiratet seid, fertigt eines an. Selbst wenn ihr noch nicht verlobt seid, könnt ihr Ideen und Stichworte sammeln und ins Gespräch darüber kommen, was ein Trauversprechen bräuchte. So oder so habe ich für euch einige Fragen zum Kreativwerden gesammelt. Diese Fragen sind auch dann spannend und hilfreich, wenn ihr schon eine Weile oder mehrere Jahre verheiratet seid.

JETZT SEID IHR DRAN

- Was liebt ihr aneinander?
- Was bedeutet Gott für euch und für euren Bund?
- Was sind eurer Meinung nach die Zutaten für eine gesunde Ehe?
- Wie wollt ihr einander in eurer Ehe dienen?
- Was ist wichtig, wenn Stürme kommen?
- Wie sieht Treue für euch aus?
- Was nehmt ihr euch vor, um die Liebesfunken zu erhalten?
- Welche Haltung möchtet ihr einnehmen, damit euer Bund hält?
- Was bedeutet es für euch, ohne Gegenleistung zu lieben?
- Was hilft euch dabei, ein weiches und vergebungsbereites Herz zu wahren?
- Beendet folgende Sätze:
  Für mich ist ein Bund …
  Ich möchte Gott in unserem Bund und unserer Verbundenheit Raum geben, indem ich …

Zeitdokumente

»Vater, ich danke dir, dass du mir Frieden schenkst und ich wissen darf, dass ich nicht nur für irgendeinen Mann bete, sondern für den, den du für mich hast.«

Diesen Satz las ich meinem Mann am Altar vor, als wir uns unsere Eheversprechen gaben. Die Zeilen stammen aus einem Gebetstagebuch. Ich schrieb sie, nur wenige Wochen bevor mein Mann und ich uns dazu entschieden, ein Paar zu werden, auf. Unsere Hochzeit lag noch in der Zukunft, und doch gab es diese leise Stimme in meinem Herzen, die sich ziemlich sicher war, dass unser Weg ein gemeinsamer sein würde. Ich wusste: Fortan würde mein Lebensweg mit seinem dicht verwoben sein. Gemeinsam würden wir unsere Segenslinien ziehen und einen blühenden Pfad beschreiten.

Ich staune selbst über diese Zeilen. Sie sind wahr. Sie stehen da. Schwarz auf weiß. Sie sind in Erfüllung gegangen, sind ein Erinnerungsstück unserer Reise als Paar. Mein Mann und ich leben diese Kultur des gemeinsamen Erinnerns.

Aber: Das Schaffen von Erinnerungen braucht Zeit. Es braucht Achtsamkeit und Bewusstsein. Erinnerungen sind etwas ganz Exklusives. In erster Linie versteht nur ihr zwei, welche Bedeutung und welcher Wert euren Erinnerungen zusteht. Sie sind euer Beziehungsmanifest und echte Zeitdokumente, mit denen ihr Geschichte schreibt. Natürlich gehören eure Geschichte und euer Trauversprechen zu diesen Zeitdokumenten dazu.

Eben weil das alles seine Bedeutsamkeit hat, frage ich mich manchmal: Was würde ich retten, wenn es brennt? Ich glaube, es wären die fünf Kisten, die mein Mann Jahr für Jahr gefüllt hat: mit wundervollen Briefen, Notizen und Karten. Mir fällt der Whatsapp-Chat der ersten Monate unserer Beziehung ein und ich muss schmunzeln. Dieser war sehr, sehr lang. Ich habe ihn ausdrucken und binden lassen. Es waren über dreihundert Seiten. Ein weiteres echtes Zeitdokument: Als die Coronapandemie 2020 ausbrach und alles stillstand, schrieben wir uns gegenseitig einen Zeitkapselbrief, den wir in zehn Jahren öffnen würden. Ein anderes Zeitdokument, das ich sehr schätze, ist ein wunderschönes Büchlein, in das wir jedes Jahr zum Hochzeitstag eintragen, was wir Neues über den anderen gelernt haben. Darüber hinaus habe ich vor einigen Jahren mal ein ganzes Buch voller Gebete für meinen Mann verfasst – gefüllt mit klitzekleiner Schrift. Auch das Trauversprechen, um das es im vorherigen Abschnitt ging, ist ein solches Zeitdokument. Ein weiteres, das wir regelmäßig pflegen, ist ein Jahrbuch, in das wir jährlich Bilder einkleben. Jeder Monat erhält einige Bilder, und so haben wir einen wunderbaren Jahresrückblick.

Als wir uns verlobt haben, war ich völlig sprachlos, weil mein Mann an so vieles gedacht hatte. Und damit wir uns an all das später noch erinnern würden und weil ich diese Mühe wertschätzen wollte, schrieb ich auf vielen Seiten nieder, was wir an diesem Tag erlebt hatten. Nicht jedes Mal hatte ich Lust, all diese Dinge aufzuschreiben. Daher denke ich, dass es auf unsere innere Haltung ankommt. Ist es mir das wert, all die Mühe und Kraft zu investieren? Vertraue ich in den unermesslichen Wert, den solche Hinterlassenschaften mit sich bringen? Apropos: Es ist schön und gut, zauberhafte Erinnerungsstücke zu besitzen. Sie erfüllen jedoch nicht ihren Zweck, wenn sie im Schrank, in der Kiste oder in der Vitrine liegen und völlig einstauben. Genauso, wie es Zeit braucht, Zeitdokumente zu erschaffen, braucht es auch Zeit, sie zu bestaunen und sie auf sich wirken zu lassen.

Also, worum geht es? Es geht um Erinnerungen, die einer Paarbiografie Identität, Stabilität und Sinnhaftigkeit schenken. Es geht darum, sich der eigenen Geschichte als Paar bewusst zu sein, sie zu gestalten und sie als gutes Gerüst aufzustellen. Das alles ist wunderbar, allerdings wäre diese Sicht begrenzt. Sie würde nur um zwei Personen kreisen, doch es geht um mehr.

Es geht um ein transgenerationales Weitergeben von Tiefe und Breite, etwas, das eine Ehe ausmachen sollte. Es geht um Bindungsstrukturen und Beziehungsfülle. Und um Authentizität. Denn in einer Erinnerungskiste werden auch haufenweise Entschuldigungsbriefe liegen, voll mit Fehlern und Vergehen, die man einander bekennt, die man bedauert, die man mit Neuem und Heilsamem überschreibt. Es geht um ein Erbe, das bleibt. Ja, wir können Grundstücke, Häuser, Schmuck, Kredite und viele materielle Dinge der nächsten Generation hinterlassen. All das kann ein großer Segen sein. Das möchte ich nicht schmälern. Aber es ist etwas Privilegiertes. Wir können auch etwas Unsichtbares hinterlassen. Wir können eine Liebesgeschichte hinterlassen, und wir können diese sichtbar machen durch geschriebene Worte. Wir können unsere Ehe als Erbstück hinterlassen und können eine Ehe, die Mut macht, verschenken. Eine Ehe, die tröstet, weitergeben. Eine Ehe, die Hoffnung schenkt, vorleben. Wir können der nächsten Generation ein Erbe hinterlassen, das bleibt.

Ein Samen für die kommende Generation darf gesät werden und dieses Prinzip ist absolut biblisch. Gott persönlich hat es erfunden. Damals gab es keine schicken Smartphones und fancy Fotoalben, aber Gott schlug den Menschen andere Symbolträger vor. Als die Israeliten den Jordan überquerten, wollte Gott, dass sein Volk sich lange an seine Liebe erinnern würde. Nicht nur die, die dabei waren, sollten es im Herzen tragen, sondern auch deren Kinder sollten von diesem Erbe profitieren und ihren Gott kennen. Aus zwölf Steinen sollten die Israeliten eine Gedenkstätte bauen. Gott sagte:

> Wenn euch eure Kinder später einmal fragen, was diese Steine bedeuten, dann erklärt ihnen: »Als man

die Bundeslade durch den Jordan trug, staute sich sein Wasser, und wir konnten trockenen Fußes hinüberziehen. Daran soll dieses Denkmal die Israeliten zu allen Zeiten erinnern.«
Josua 4,6b-7

Ich stelle mir vor, wie Fremde irgendwann durch Davids und meine Kisten voller Briefe wühlen und sich inspirieren lassen. Für uns als Paar gilt: Die nächste Generation darf sehen, wie Hingabe und tiefe Zuwendung aussehen. Sie darf erleben, wie tiefe Verbundenheit Sicherheit schenkt. Sie soll erleben, wie Versöhnung und echte Betroffenheit sich ausdrücken. Sie darf in unsere Paarwelt eintauchen, sich aber auch abgrenzen, uns kritisch hinterfragen, uns bewerten und dabei eigene Werte aufstellen. Doch all das kann die nächste Generation nur, weil ihr etwas zur Verfügung stehen wird: unsere Zeitdokumente. Wie sieht das bei euch aus? Möchtet ihr der nächsten Generation etwas hinterlassen, und zwar schwarz auf weiß?

JETZT SEID IHR DRAN

- Welche Zeitdokumente habt ihr? Unterhaltet euch darüber. Vielleicht ist es ein besonderes Fotoalbum, ein Gästebuch eurer Hochzeit, ein altes Kinoticket oder ein Kassenbon eines Restaurantbesuchs – völlig egal. Schnappt sie euch und plant eine Zeitstunde in der nächsten Woche ein, wo ihr in Erinnerungen schwelgt und euch eure Zeitdokumente anschaut.
- Schafft diesen Monat ein Zeitdokument. Ihr könnt eine Zukunftskiste packen, einen Zeitkapselbrief schreiben, Fotos in ein Fotoalbum kleben. Vielleicht fällt euch auch

noch etwas anderes ein, wie ihr eure Paarbiografie festhalten könnt.

- Sprecht darüber, was ihr der kommenden Generation hinterlassen möchtet.
- Was sollen sie von eurer Ehe lernen? Was braucht die kommende Generation von euch?

Neue Lernorte

Für ein Paar kann eine »Auslandserfahrung« erfrischend sein. Ich meine jetzt nicht das Gap Year zwischen Schule und Ausbildung bzw. Studium, das viele machen. Nein, ich meine eine andere Umgebung. Eine, die einen als Paar nährt und neue Lernorte schenkt. Lernorte, die die Paarbiografie indirekt prägen und formen.

Um verständlich zu machen, was ich meine, muss ich ein wenig weiter ausholen. In meinem Elternhaus erlebte ich eine zerrüttete Ehe. Streit, Hass, Wut, Bitterkeit und Unversöhnlichkeit waren an der Tagesordnung. Aufeinander zugehen, das Gespräch zu zweit suchen, Konflikte klären, nach Frieden jagen und die Bereitschaft haben, an sich zu arbeiten – all das habe ich in meinem Elternhaus nicht vorgelebt bekommen. Doch mit zwölf Jahren fand ich zum Glauben an Jesus, und damit begann eine spannende Reise. Gott zeigte mir in der Gemeinde andere Ehen und Familien. Er sorgte schon damals für mich und meine heutige Ehe, indem er mir neue Vorbilder schenkte. Ich erlebte, wie die Eltern meiner Freundinnen und Freunde sich auch nach zwanzig Ehejahren liebevoll begrüßten. Ich hörte von Paaren, die bereit waren, bei Herausforderungen in die Paartherapie zu gehen. Ich lernte Paare kennen, die für- und miteinander beteten und sich Paarzeiten im Terminkalender frei hielten. So schenkte Gott mir sein Bild von Ehe, mitten im Schlachtfeld der Ehe meiner Eltern.

Als David und ich uns verlobten, beschäftigte uns nicht nur die Frage, wie wir ein wunderschönes Fest auf die Beine stellen könnten, sondern auch, wie wir uns gut auf dieses Abenteuer vorbereiten könnten. Menschen lernen am Modell. Meinem Mann und mir hatte keiner vorgelebt, wie wir eine glückliche Ehe führen könnten. Ja, wir waren frisch verliebt, aber uns war auch bewusst, dass Dopamin und Adrenalin im Blut irgendwann abgebaut sein würden. Also suchten wir uns bewusst andere Lernorte, und hier kam unsere »besondere Auslandserfahrung« ins Spiel. Man hört es immer wieder: Nichts wird für das Erlernen einer Fremdsprache mehr empfohlen als eine Auslandserfahrung. Sich mit Menschen zu umgeben, die die Sprache im Alltag fließend sprechen, hat den nachhaltigsten Lerneffekt.

Dieses Bild lässt sich übertragen, wenn es darum geht, gute Umgangsformen für eine Ehe zu entdecken. David und mir war klar: Wir müssen Zeit mit Paaren verbringen, die die »Sprache« einer gesunden Ehe sprechen. Sprich: Wir machten uns auf ins »Ausland«! Wir verbrachten viel Zeit mit dem älteren Paar aus meiner Nachbarschaft. Diesen zwei lieben, älteren Menschen fragten wir regelrecht Löcher in den Bauch: über ihr gemeinsames Leben, ihre Ehe, ihren Umgang mit Herausforderungen.

Wir hielten die Augen offen: Von wem konnten wir etwas lernen? Wer hatte uns positiv geprägt? Wir erstellten eine Liste mit Paaren, die uns inspiriert hatten, und sammelten Fragen, die wir den Paaren stellen wollten. So entstand ein Interviewformat. Folgende Fragen stellten wir den Paaren:

- Wie war euer erstes Ehejahr?
- Wie zeigt ihr euch aktiv eure Liebe?

- Was war euer größter Konflikt?
- Welche Rituale habt ihr?
- Welche Erfahrungswerte könnt ihr zum Thema Sex weitergeben?
- Was ist euer bester Tipp, um eine lange Ehe zu führen?

Wir gingen auf die älteren Paare zu und fragten sie, ob sie Lust hätten, mit uns einen gemütlichen Abend zu verbringen, und ob wir ihnen vorab einige Fragen schicken dürften. Nicht nur wir profitierten davon. Die Paare berichteten uns hinterher, dass die Fragen für sie eine gemeinsame Reflexion ihrer Paarbiografie gewesen seien und sie diese als verbindend erlebt hätten. Die Gespräche hallten bei David und mir oft lange nach. Zu hören, welche Hindernisse die Paare überwunden hatten, zu erfahren, dass jedes Paar mindestens eine oder mehrere Krisen durchlebt hatte, und zu hören, wie sie immer wieder neu aufeinander zugegangen waren, hat uns tief berührt und ermutigt. Wir erhielten wertvolle Impulse und kamen über eigene Werte, Wünsche und Träume ins Gespräch.

Genau dieser Austausch ist wichtig, während ihr eure gemeinsame Paarbiografie formt.[3] Werdet konkret: Welches Paar wollt ihr vielleicht mal zum Essen einladen und interviewen?

Seifenblasen und Liebesfeste

Als Paar gibt es viele Möglichkeiten, eigene Liebesfeste gemeinsam zu feiern und Traditionen zu entwickeln. Es geht darum, die pure Freude übers Paarsein in den Mittelpunkt des Alltags zu stellen. Ich finde, besondere Daten als Paar zu zelebrieren, ist etwas absolut Entzückendes. Deswegen möchte ich euch jetzt in eure eigenen

Jubelstürme und Festlichkeiten aussenden und genau mit diesem Gedankenanstoß die Reihe rund um euren Gestaltungsraum als Paar abrunden.

Was hat es bloß mit diesen Liebesfesten auf sich? Ich schenke euch einen Minieinblick in Davids und meine Festlichkeiten. Ihr dürft gern etwas kosten, müsst aber nichts davon schlucken. Was ihr auf euren goldenen Festtagsteller legt, sucht ganz allein ihr aus!

David und ich feiern, essen und genießen nur zu gern, und die Vorfreude kitzelt uns schon, wenn unser kirchlicher Hochzeitstag, unser Verlobungstag, unser standesamtlicher Hochzeitstag oder unser Zusammenkommtag im Kalender nahen. An diesen Tagen reichen wir definitiv Urlaub ein! Auf diese Tage bereiten wir uns vor und fiebern darauf hin. Diese Tage gehören ganz allein uns, und wir sorgen dafür, dass sie grandios werden. Nichts ist so schön wie gemeinsame Traditionen. Wir umarmen sie in ihrer Bedeutsamkeit. Wenn wir es nicht tun, wer tut es dann?

Ich finde: Spätestens, wenn das große Hochzeitsfest vorbei ist, dürfen Paare lernen, sich selbst zu feiern und sich großzügig dieses gemeinsame Zelebrieren zu gönnen. Konfetti, Seifenblasen, Wimpelketten und Glitzerstaub: Als Paar darf und sollte man sein Miteinander zu einem Fest gestalten.

David und ich überlegen schon Tage vorher gemeinsam, was wir an unserem nächsten Fest erleben wollen. Letztes Jahr waren wir Erdbeeren pflücken, abends etwas essen und zum krönenden Abschluss noch am Fluss spazieren. Ein echter Oasentag, an dem wir unsere Seele haben baumeln lassen. Ein Tag, den der Alltag nicht immer so hergibt, daher ja auch ein Festtag!

Zwei kleine Traditionen unserer Festtage verrate ich euch noch. Es mag etwas putzig klingen, denn wir gratulieren uns gegenseitig jedes Mal. Zudem gestaltet jede Person einen Tisch oder eine kleine

Ecke für den anderen. Dann muss der eine die Augen schließen und der andere führt ihn in den Raum. Die kleine Aufmerksamkeit auf dem Tisch muss kein Vermögen kosten. Im Gegenteil: Der Kreativität sind keine Grenzen gesetzt. Ich hatte schon ganz unterschiedliche Ideen: Das eine Mal habe ich eine Rallye in unserer Wohnung vorbereitet, das andere Mal fand ich ein günstiges Angebot und ließ ein Puzzle mit einem Bild bedrucken oder ich schrieb einen Brief. Ich erinnere mich auch an Zeiten, in denen es mir an Ideen fehlte und ich mich in der Kreativwüste wiederfand. In diesen Zeiten half es mir, mich bewusst dafür zu entscheiden, David eine Freude machen zu wollen, und für eine Idee zu beten.

Auch die Geschenke meines Mannes haben keine Unsummen gekostet, waren aber für mich berührende Gesten. Ich erinnere mich noch, wie mein Mann mir zur Seidenhochzeit (vierter Hochzeitstag) vier kleine Miniseidenbandschnipsel zusammennähte und mit einem goldenen Stift Zahlen draufschrieb. Er baute ein Minibett und schrieb darauf »Schlafen wie auf Wolken«. Die vier Seidenblätter symbolisierten die vier Bettdecken, mit denen ich immer eingemummelt schlafe. Zu unserer Lederhochzeit (dritter Hochzeitstag) bestellte er alte Lederreste und schnitt daraus Buchstaben aus und bastelte eine Girlande. Ein anderes Mal schenkte er mir eine Streichholzschachtel, aus der beim Öffnen ein gemaltes Minibild von unserem Antrag aufpoppte. Zu einem anderen Anlass überreichte er mir eine selbst gemalte Karte. Er war sich nicht zu schade, dafür einen Handletteringworkshop zu besuchen. Mein Mann entdeckte zu Beginn unserer Beziehung ziemlich schnell, dass meine Liebessprache Geschenke sind. Er nahm die Challenge an, und heute staune ich, was er so bastelt. Wenn in Paarseminaren Personen voreilig sagen: »Nee, das ist nicht so mein Ding«, ermutigt mein Mann sie immer, es zu versuchen, denn Liebe zu schenken hat auch damit zu tun, sich für den Zugang zu entscheiden, der den anderen berührt. Und er ergänzt, dass es ihm anfangs auch nicht immer leichtgefallen ist, sich zu überwinden.

Mit Kleinkindern lassen sich solche Feste vielleicht nicht immer ganz so einfach umsetzen, da nicht immer Betreuungsmöglichkeiten vorhanden sind, die Kinder noch nicht ohne ihre Eltern sein können oder vielleicht eine lange Einschlafbegleitung brauchen. Dennoch dürft ihr Gestaltende bleiben. Wer sich etwas vornimmt, erlebt immer noch mehr als derjenige, der gar nicht erst plant. Das gilt auch für die intensive Kleinkindphase. Eventuell ist es möglich, euch statt einem Geschenk einen Babysittergutschein zum nächsten Geburtstagsfest zu wünschen. Oder vielleicht ist es möglich, gemeinsam dreißig ungestörte Minuten zu verbringen und sich dabei einander voll und ganz zuzuwenden. Oder sich zur Feier des Tages eine gemeinsame Pizza zu bestellen.

JETZT SEID IHR DRAN

- Welches Datum ist für euch bedeutsam?
- Wie wollt und könnt ihr es feiern?
- Gibt es eine kleine Tradition, die ihr einführen wollt und die sich jährlich wiederholen soll? Wenn ja, welche soll das sein?

Jeden Tag ein neues Ja: Gewohnheiten und Rituale schaffen

Lernen vom Schöpfer der Rituale

Von deiner anfänglichen Liebe ist nicht mehr viel übrig. Weißt du noch, mit welcher Hingabe du einmal begonnen hast? Was ist davon geblieben?
Offenbarung 2,4b-5a

Kaum zu fassen, dass Gott diese Worte an uns richtet. Jedes Mal, wenn ich sie lese, offenbart sich mir wieder neu ein Wesenszug Gottes. Er ist ein sehnsüchtiger Gott und sein Herzschlag ist voller Leidenschaft.

In einer anderen Übersetzung heißt es: »Du [hast] die erste Liebe verlassen […]« (LUT 2017). Gott schmerzt es, wenn wir nicht mit ganzem Herzen bei ihm sind. Er ist das perfekte Vorbild für eine gelingende Liebesbeziehung. Ihm geht es nicht darum, dass wir Pflichten abarbeiten, sondern dass wir sie mit ganzem Herzen und voller Hinwendung zu ihm ausführen.

Dieser Vers aus der Offenbarung steht im Kontext eines Briefes an die Gemeinde in Ephesus. Zuvor erkennt Gott all die Taten, die die Gläubigen unter großen Mühen vollbracht haben, an. Dennoch fehlt Gott etwas. Er wünscht sich bei all den Taten ein feuriges Herz. Ein Herz, das für ihn brennt: »Ich bin gekommen, um auf der Erde ein Feuer zu entfachen« (Lukas 12,49a). Gott möchte, dass in unserem Handeln die Liebe zu ihm immer wieder deutlich wird.

Für mich ist das ein tiefes Geheimnis. Gott verrät uns, wie wir in unseren Beziehungen so handeln können, dass weiterhin eine tiefe liebevolle Verbindung bestehen bleibt. Wie können wir dieses Feuer, diesen Eifer, der sogar Gott persönlich wichtig ist, auch in unseren Ehen erhalten? Wie kann das Feuer auflodern, weiterbrennen und uns wärmen?

Ich glaube, die Antwort liegt in dem Verständnis von Gottes Art, Leben zu erschaffen. Er allein weiß, wie das Leben und die Liebe, die er verkörpert und die er erfunden hat, Raum erhalten können. Seine Schöpfung formte er dabei zyklisch. Er sprach: »Solange die Erde besteht, soll es immer Saat und Ernte, Kälte und Hitze, Sommer und Winter, Tag und Nacht geben (1. Mose 8,22). Das Schöpfungsepos folgt einem poetischen Narrativ von sieben Tagen. Am letzten Tag ruhte Gott aus. Er selbst schuf Strukturen und Rituale. Er überlegte sich, wann er arbeitete und wann er ruhte und genoss.

Wir können uns für unsere Liebesbeziehungen von Gott eine Menge abgucken. Er lebte uns Rituale vor. Rituale in Gottes Sinne sind gesunde und lebensbejahende Gewohnheiten, die wir auch als Paar entdecken und Stück für Stück etablieren können. Wir können sie gestalten, ja, sie laden regelrecht dazu ein, miteinander kreativ zu werden. Gute und gesunde Rituale können eine Beziehung nur beflügeln.

Rituale halten das Flugzeug voller Gefühle in der Luft

Zu Beginn einer Beziehung fühlt sich jede Verabredung, jeder Ausflug, jeder Nachmittag wie ein absolutes Highlight an. Diese Zeit, dieser magische Anfang voller Aufregung, Kribbeln, dieses Sich-nicht-Tschüss-sagen-Können, voller leidenschaftlicher Sehnsucht und voller Adrenalin. Als Paar sprudelt man regelrecht vor Energie über.

Doch irgendwann kommt der Alltag und der ist gut und wichtig. Wir brauchen den Alltag, um weiter lebensfähig zu sein. Würden wir im Strom unseres Höhenfluges bleiben, würde sich kein Mensch mehr konzentrieren und arbeiten können. Kurz gesagt: Unser ganzes wirtschaftliches System und unsere staatlichen Institutionen würden kollabieren. Friseurinnen und Friseure würden unmögliche Frisuren schneiden. Lehrkräfte könnten nicht mehr unterrichten vor lauter Schmetterlingen im Bauch. Und die Buchhalterinnen und Buchhalter würden lauter falsche Löhne eintippen, da ihre Gedanken bei der großen Liebe wären.

Ich male das Bild bewusst etwas übertrieben, und irgendwie klingt es auch ernüchternd, dass der Alltag nun aber mal wieder Programm sein muss. Tatsächlich lässt sich im Blut sogar nachweisen, dass der Körper das anfängliche Dopamin nach und nach wieder abbaut. Nach einem Jahr ist der ursprüngliche Dopamin-Spiegel wieder erreicht.[4] Das bedeutet: Auch unser Körper wünscht sich diesen Alltag wieder zurück. Unser inneres Flugzeug, mit dem wir eine Weile auf Wolke sieben geschwebt sind, setzt sozusagen wieder zur Landung an. Doch was passiert dann? Es kann doch nicht sein, dass dann sang- und klanglos einfach wieder Alltag einkehrt: Job, Haushalt, Steuererklärung, Kochen, Terminabsprachen und, und, und.

Was wäre, wenn unser Flugzeug voller Gefühle nicht auf der Landebahn stehen bleiben, sondern in Bewegung bleiben würde? Was wäre, wenn es kurz vor der Landung wieder abheben und eine neue Flugroute für seine Höhenflüge finden dürfte, statt vom Rollfeld Richtung Vorfeld zu rollen und dort zu parken?

Genau das ist der Punkt, an dem Rituale ins Spiel kommen. Sie bieten unserem Flugzeug mit all unseren Liebesgefühlen im Gepäck einen neuen Entfaltungsraum an.

Unser ganzes Leben ist ein Ritual. Wir stehen morgens auf und gehen abends wieder schlafen. Wir essen und trinken. All dies machen wir ganz organisch und fast automatisch. Zu Beginn unserer Liebesreise zeigen wir auch all unsere Liebesbekundungen fast schon automatisch. Was wäre, wenn das gegenseitige Bezeugen der Liebe ebenfalls ein organischer Prozess wäre und wir ihn in unser Leben einbinden würden?

David und ich haben für uns einen Weg gefunden, diese zarten Höhenflüge immer wieder genießen zu können, indem wir unterschiedliche Rituale zu einem festen Bestandteil unseres Lebens gemacht haben. Mithilfe dieser Rituale finden wir im Alltäglichen überhaupt erst den Raum für diese wunderbaren gemeinsamen Höhenflüge. Wir lassen nicht zu, dass anstrengende Stunden auf der Arbeit oder Prüfungsstress unser Flugzeug auf die Landebahn und in die Parkposition zwingen, sondern fliegen weiter die Bahnen unserer Rituale.

Dabei unterscheiden wir tägliche und wöchentliche Rituale und solche, die sich wie ein roter Faden durch unser Ehejahr ziehen und die wir zum Teil monatlich oder vierteljährlich durchführen, manche aber auch jährlich oder sogar unregelmäßig. Alle haben ihre eigene Bedeutsamkeit und Wirksamkeit für unsere persönliche Paarwelt. Einige davon stelle ich euch in den nächsten Abschnitten vor. Wenn euch eins anspricht, könnt ihr es gern ausprobieren und schauen, ob es zu euch passt. Vielleicht fällt euch ja aber auch noch ein völlig anderes ein. Wichtig ist: David und ich haben nicht zu allen Ritualen sofort Ja gesagt, sondern sie nach und nach in unser Leben eingeflochten, und zwar je nach Bedarf. Es ist nicht möglich, alles auf einmal sofort umzusetzen. Ein kleines, beständiges und treues Ja ist mehr wert als ein überschwänglich großes, das schnell wieder verpufft.

Eins ist auf jeden Fall sicher: Wenn Rituale die Landebahn ablösen, dann werdet ihr als Paar innerhalb eines ritualisierten Raumes und in einem für euch wohltuenden Maße immer wieder die zarten Höhenflüge eurer Liebe entdecken. Ich möchte euch Mut machen, euch auf Entdeckungsreise zu begeben. Vielleicht gibt es ein Ritual von David und mir, das euch anspricht. Schaut fürsorglich, welcher Schritt für euch der erste sein könnte.

Das tägliche Ritual

Das erste Ritual, von dem ich euch erzählen möchte, ist ein tägliches. Es besteht aus zwei simplen Fragen: »Wie war dein Tag?« Und: »Wie geht es dir?« Mit diesen Fragen wollen wir nicht einfach nur Informationen einholen, sondern bewusst eine Treppenstufe höher steigen. Wir nehmen Anteil daran, wie es unserem Gegenüber ergangen ist. David und ich stellen uns gegenseitig diese Fragen jeden Tag. Natürlich schnappen wir die Antworten auch mitten im Alltag ganz nebenbei auf – zwischen Abendprogramm, gemeinsamem Kochen, Haushalt oder einem Anruf, der noch getätigt werden muss. Und manchmal überkommt es uns auch schon an der Haustür und unser Anliegen ist so dringend, dass die Worte und das Erlebte gleich bei der ersten Begegnung aus uns heraussprudeln.

Doch dieser bewusste Moment, selbst wenn der ein oder andere Satz schon gefallen ist, ist dennoch Gold wert. Dieser Moment heißt: Willkommen. Er schenkt Raum für Wahrnehmung und Fürsorge. Er flüstert leise: »Du bist etwas ganz Besonderes und jeder einzelne Tag deines Lebens interessiert mich, möge er dir noch so langweilig, stressig oder überflüssig vorkommen. Deine Erlebnisse sind es wert, eine besondere Form der Aufmerksamkeit zu erhalten.«

Wöchentliche Rituale

Die Welt eines Paares benötigt Raum. Die Formel dafür ist: Zeit und Begegnung. Genau darauf zielen die wöchentlichen Rituale von David und mir ab. Wir unterscheiden dabei vier Ebenen. Nicht jedes Ritual berührt jede Ebene, wenngleich in einem Ritual meist eine der Ebenen die vorherrschende ist. Dennoch sind alle bereichernd:

1. organisatorische Absprachen
2. gemeinsame Erlebnisse
3. emotionale Tiefe
4. geistliche Intimität

Im Folgenden möchte ich euch erklären, was ich damit meine, warum diese Ebenen so wichtig sind und wie sie gestaltet werden können.

Die Wochenplanung: Organisatorische Absprachen im Alltag

Unter Alltag verstehe ich das Leben mit all den mehr oder weniger normalen, nicht besonders außergewöhnlichen Situationen, auf die wir reagieren müssen. Ich denke also an die spontanen Begegnungen, an den Moment, wenn man merkt, dass die Zahnseide verbraucht ist, oder an den Gang zur Apotheke, um das Rezept abzugeben und das Medikament abzuholen. Alltag ist absolut notwendig für ein Paar. Er ist etwas ganz Natürliches und gehört zu einem gesunden gemeinsamen Leben dazu. Genauso sind auch spannungsreiche Momente völlig normal. All das, was der Alltag zwangsläufig mit sich bringt, ist wichtig und braucht es in einem gewissen Maße auch. Ansonsten würde eine Paarbeziehung im Datingprozess stecken bleiben und bald künstlich wirken. Der gemeinsame Alltag hält ganz automatisch Einzug, vor allem dann, wenn ein Paar zusammenzieht. Er stellt sich immer ganz von selbst ein.

Wichtig für einen guten Alltag sind die gemeinsamen Absprachen. Diese treffen David und ich immer in einer Wochenbesprechung. Ich würde fast behaupten, dass diese Ebene mit die wichtigste ist. Denn: »Die Pläne werden zunichte, wo man nicht miteinander berät« (Sprüche 15,22a; LUT 2017). Die Wochenplanung ist notwendig, damit die anderen drei Ebenen, wie gemeinsame Erlebnisse, emotionale Tiefe oder geistliche Intimität, überhaupt Raum haben. Am besten macht man die Wochenplanung zu einem festen Ritual.

David und ich planen unsere Woche seit ungefähr sieben Jahren immer sonntags, und es hat sich für uns zu einem festen Meeting etabliert. Die Besprechung hilft uns, unsere Termine im Blick zu behalten. Folgende Fragen haben wir dabei im Hinterkopf und vielleicht sind sie auch für euch eine Hilfe, damit ihr gute gemeinsame

Absprachen treffen könnt. Geht sie doch einfach mal gemeinsam durch.

JETZT SEID IHR DRAN

- Was steht grundsätzlich an?
- Wann treffen wir uns nächste Woche wieder, um die Absprachen für die darauffolgende Woche zu treffen?
- Wie sehen die einzelnen Tage aus?
- Wer arbeitet/studiert/betreut die Kinder in welchen Zeitslots?
- Wann erleben wir nächste Woche etwas miteinander?
- Wann nehmen wir uns Zeit für ein Gespräch?

Das Wochendate: Gemeinsame Erlebnisse

Gemeinsame Erlebnisse schaffen Erinnerungen und exklusive Insider. Zeit, die man gemeinsam kreativ gestaltetet, schenkt einen Rahmen, in dem man als Paar seine Gedanken teilt. Zwischen all den Anforderungen im Alltag ist unser Kopf oftmals völlig überflutet von To-dos und anderen Sorgen.

Doch bewusst an unser Gegenüber zu denken und sich mit ihm innerlich zu beschäftigen, steigert die persönliche Empathie und stärkt das gemeinsame Unterwegssein und -bleiben. Dies kann durch ein kleines Wochendate kultiviert werden. Man kann es als eine Überraschung für die Partnerin bzw. den Partner planen oder aber sich gemeinsam etwas Schönes überlegen. Das Wochendate muss kein teures Rendezvous in einem edlen Restaurant bei Kerzenlicht sein. Es kann simpel und auch kürzer sein: ein oder zwei gemeinsame Stunden an einem Vormittag, Nachmittag oder Abend, ein gemeinsames warmes Fußbad, ein Spaziergang, ein Eis, ein Brettspiel, eine gemeinsame Lektüre, ein selbst gemixter Cocktail. Natürlich darf es auch ein Kinoabend, ein spannendes Theaterstück oder ein Wellnessabend sein. Es muss zu euch, eurem Geldbeutel und eurer Zeit passen. Ein Date kann auch etwas aus eurem Alltag beinhalten, wie Abwaschen oder Aufräumen. In vollen Wochen machen David und ich Wäscheaufhängdates und versuchen, die Zeit währenddessen bewusst und zugewandt zu gestalten.

Mir ist bewusst, dass es in manchen Lebensphasen schwierig ist, sich bewusst Raum zu schaffen. Umherwirbelnde Kinder, Babys, die Einschlafbegleitung brauchen, Kinder, die mit Hausaufgaben kämpfen, Wutanfälle, die eng begleitet werden müssen, Jobs, die fordern, Ehrenämter, die rufen, Studium, Ausbildung – das Leben ist voll. Möglicherweise ist zum aktuellen Zeitpunkt eher alle zwei Wochen ein Date drin oder nur einmal im Monat oder gar alle zwei Monate. Es muss zu euch und euren Bedürfnissen passen. Ihr entscheidet.

Bei uns hat es sich seit drei Jahren so eingependelt, dass wir sonntags besprechen, wann was in der kommenden Woche stattfinden wird. David und ich organisieren das Date dann immer jeweils im Wechsel. Mal widmen wir uns unserem Malen-nach-Zahlen-Projekt, mal ist es ein Scrabbleabend und an anderen Tagen ist es doch die leckere Pizza im Restaurant um die Ecke. Wichtig ist: Manchmal dauert das Date vier Stunden, manchmal eine halbe Stunde. Es geht hier nicht um das Zählen von Minuten. Es geht um bewusste gemeinsame Zeit und das, was gerade möglich ist und sich für euch richtig anfühlt.

JETZT SEID IHR DRAN

- Wenn wir am Morgen ein Date haben, könnten wir Folgendes machen …
- Wenn wir uns mittags treffen, wäre Folgendes schön …
- Ein Abenddate stellen wir uns so vor …
- Wenn wir nur wenig Zeit haben, planen wir Folgendes …
- Auf unserer Liste mit gemeinsamen, leicht umsetzbaren Lieblingsaktivitäten steht Folgendes …

Der Eheabend: Emotionale Tiefe

Unter emotionaler Tiefe verstehe ich, dass man die Verbindung, die durch den Austausch von Gefühlen, Gedanken, Meinungen, Bedürfnissen, Sorgen und Träumen entsteht, innig spürt. Der Austausch in diesen Bereichen ist wichtig, da diese Aspekte mit innerer Selbstoffenbarung zusammenhängen. Man lässt den anderen nah an das eigene Herz heran und macht sich nahbar und verletzlich. Liebe braucht diese Einladung in die eigene Seele. Für Paare ist ein solcher Austausch essenziell, um Annahme und Verständnis in all ihren Facetten zu erleben. David und ich haben für diesen lebenswichtigen Austausch feste Eheabende eingeplant.

Ich gebe zu: Eheabend klingt furchtbar spießig, aber bisher ist uns kein besserer Begriff eingefallen. Daher bleibt es erst mal bei Eheabend. Mir ist bewusst, dass es vor allem in christlichen Kreisen ein sehr verbreitetes Konzept ist. Als Paar haben David und ich das Rad hier nicht neu erfunden. Im Gegenteil: Wir haben dieses Konzept 2019 in einem Seminar, das wir als Teilnehmende besuchten, kennen und schätzen gelernt. Allerdings haben wir es in seiner ursprünglichen Version etwas abgeändert und für uns angepasst. Ich weiß, dass jedes Paar den Eheabend anders handhabt. Deswegen stelle ich euch hier lediglich Davids und meine Version vor. Also los: Taucht gern mit ein, wenn ich nun etwas von dem Herzstück unserer Ehe teile. Ohne den Eheabend ist die Woche nicht die Woche. Ohne den Eheabend fehlt uns etwas. Ohne den Eheabend wären wir nicht dort, wo wir heute stehen.

Dieser Abend schnürt das Band unsere Herzensbindung fester und lässt uns in eine emotionale Tiefe hineingleiten, die wir ausschließlich als Paar miteinander erleben können. David und ich haben unseren Eheabend schon mit Fieber und Husten, zwischen Prüfungsstress und Übermüdung sowie zwischen Terminschlachten und Chaosexplosionen im Haushalt durchgezogen. Er fand mitten im Grabenkampf oder auf Wolke sieben statt. Nichts hält den Eheabend davon ab, der Eheabend zu sein. Dieser Abend ist immer da. Er findet immer statt. Er schenkt Sicherheit. Er schenkt Halt. Er schenkt Orientierung. Er lädt uns ein, unser Erbe anzutreten und es zu vervielfachen. Er ist eine Form, unser Versprechen aneinander beständig fortzuführen. Er gibt uns Ruhe und vertieft unser Vertrauen. Er hat unsere Ja-Gesinnung in besonderem Maße geformt.

Schon allein der Moment, wenn wir uns gemeinsam in unsere Sofaecke setzen und uns hineinbegeben in das immer wiederkehrende, selbst gestaltete Format, hat etwas Kraftvolles. Der Eheabend ist eine Zeit der Wahrnehmung, ein geschützter Bereich, ein Versprechen. Und er bedarf der Planung. In den vielen Jahren, in denen wir unseren Eheabend nun schon machen, gab es maximal zwei Termine pro Jahr, an dem wir ihn nicht realisieren konnten.

Vielleicht fragt ihr euch jetzt: Müssen wir uns wirklich miteinander zu Hause verabreden? Braucht es das? Die Antwort lautet: ja. In einer Sitzung kam ein Paar einmal selbst zu der Erkenntnis, dass es ihnen helfen würde, gemeinsame Zeiten unter der Woche zu vereinbaren. Allerdings hatte diese Aussage einen faden Beigeschmack. Der unsichtbare Subtext der beiden schrie förmlich: »Wenn wir es anders nicht hinkriegen, machen wir es halt.« Das Paar hatte scheinbar das Gefühl, versagt zu haben, wenn es eine terminierte Verabredung nötig hatte. Nur: Wer glaubt, dass eine Paarzeit ganz organisch und automatisch stattfindet, der täuscht sich. Damals versuchte David das Paar zu ermutigen und ihre inneren Stimmen zu entkräften. Er erklärte ihnen, dass man sich doch auch sonst für alles Mögliche Termine in den Kalender einträgt. Nur scheint man all die anderen Verpflichtungen oftmals viel konkreter auf dem Schirm zu haben. Warum sollte man also nicht auch Zeiten für sich als Paar blockieren und priorisieren? Paare, die noch keine gemeinsame Wohnung haben, müssen sich schließlich auch absprechen, wann und wo sie sich sehen wollen. Warum sollte man dieses Vorgehen nicht beibehalten?

Wie kann nun aber so ein Abend ablaufen? Im Fall von David und mir schenkt uns unser Eheabend einen festen Raum für fünf elementare Themen unserer Ehe. Gestartet haben wir mit drei Fragen und über die Jahre sind eine vierte und eine fünfte dazugekommen. Unser Prinzip funktioniert dabei wie folgt: Eine Person fragt. Die andere erzählt so lange, wie sie möchte. Dabei ist es wichtig, dem Gegenüber Raum zu geben, sodass es beim Erzählen in den Flow kommen kann. Wichtig ist David und mir, dass wir vor allem zuhören und im besten Falle nicht kommentieren, was der andere erzählt.

Jede Frage bringt ihren eigenen Antwortprozess mit sich. Die letzte Frage beispielsweise: »Was war in der letzten Woche dein Highlight mit mir?«, ist in viele kleine Schritte unterteilt. Zuerst nehmen wir das Alltagsgeschehen bewusst wahr und rufen es uns in Erinnerung. Dann filtern wir das Erlebte und stellen fest, wie viel Paarzeit und wie viel bewusste Paarmomente die vergangene Woche mit sich gebracht hat. Nachdem diese Schritte abgeschlossen sind, nehmen wir innerlich eine Bewertung vor. Nach unseren eigenen inneren Kriterien stellen wir fest, wann wir uns besonders geliebt gefühlt und welche Momente uns innerlich berührt haben. Ich finde es immer sehr spannend, die vergangene Woche aus den Augen meines Mannes zu erleben und zu erfahren, was für ihn bedeutungsvoll war.

Man könnte nun vermuten, dass es vor allem um die Anzahl der Fragen geht. Nach dem Motto: Je mehr, desto besser. David und ich haben aber für uns festgestellt, dass es vielmehr um die Regelmäßigkeit der Fragen geht. Es braucht eine Weile, um in den Rhythmus zu kommen. Lasst euch also nicht entmutigen, wenn es nicht sofort klappt. Fragt euch:

- An welchem Wochentag könnt ihr einen Eheabend einplanen?
- Welchen Ort könnt ihr euch für den Eheabend vorstellen?
- Wie könnt ihr euch ungestörte Zeit einräumen?
- Welche Fragen wollt ihr euch stellen?

Als kleine Anregung kommen hier nun Davids und meine Fragen. Geht sie gemeinsam durch und ergänzt wenn ihr wollt, eure ganz persönlichen Fragen.

JETZT SEID IHR DRAN

- Wie geht es dir?
- Wie geht es dir mit mir?
- Wie geht es dir mit Gott?
- Wie geht es dir mit unserem Sex?
- Was war in der letzten Woche dein Highlight mit mir?
- …

Die Zeit zu dritt: Geistliche Intimität

Nicht jedes Ritual von David und mir ist schon fertig und in Stein gemeißelt. Manche erfinden wir in ihrer Form immer wieder neu oder passen sie unseren Lebensumständen an. In ein Ritual, das sich über das letzte Jahr hinweg nach und nach gefestigt hat, möchte ich euch mit hineinnehmen, damit ihr miterleben könnt, wie sich der Entwicklungsprozess eines Rituals anfühlen kann.

Inzwischen habt ihr einen Einblick in unseren über die Jahre hinweg etablierten Wochenrhythmus bekommen. Dieser ist beweglich und wir können ihn an andere Lebensphasen anpassen. Wenn David und ich zum Beispiel Eltern werden würden, müssten wir die Frequenz, die Spontanität, aber auch die Länge anpassen, denn gerade mit kleinen Kindern ist der Alltag oft weniger zu kontrollieren. Hier müssten wir dann kreativ werden.

David und ich haben nun beim Blick auf unseren Wochenrhythmus mehr und mehr gespürt, dass wir jemanden in unserer Woche ausschlossen. Und dieser Jemand war Jesus. Natürlich war und ist er immer da. Sonntags im Gottesdienst, beim Hauskreis, in gemeinsamen Gesprächen, in unserem Herzen, zwischen der Hektik im Alltag, beim Bettenbeziehen, beim Kakaotrinken oder in spontanen Gebetszeiten. Trotzdem hatten wir kein festes Ritual für ihn. Das machte uns traurig. Wir vermissten es, zu dritt zu sein, und spürten eine tiefe Sehnsucht danach.

Letztes Jahr überlegten wir uns also ein weiteres Ritual. Dieses übten wir nach und nach weiter ein – und üben es bis heute. In vielen Wochen klappt es gut, in anderen weniger. Es ist das Erste, was wegfällt, wenn der Stress überhandnimmt. Darin zeigt sich, dass es immer noch nicht vollends ritualisiert ist. Daher bin ich vorsichtig, zu sagen: »Wir machen das jede Woche.« Oder: »Wir machen das ab sofort immer.« Mein wichtigster und tiefster Wert ist nämlich

Ehrlichkeit. Wenn ich in diesem Buch schreibe, dass David und ich dieses oder jenes tun, dann, weil wir es auch wirklich tun, und zwar nicht nur ab und an oder mal für ein, zwei Wochen, sondern über Monate und Jahre hinweg. Andersherum gilt: Wenn wir etwas gerade ausprobieren und einüben, dann schreibe ich das auch. Mir geht es in diesem Buch nicht darum, zu zeigen, was David und ich alles schon geschafft haben, sondern vielmehr darum, euch in unseren Prozess mit hineinzunehmen: in Höhen und Tiefen, Erfolge und Schwierigkeiten. Manches läuft gut, manches noch nicht. Und das ist okay.

Wie läuft nun unser geistliches Wochenritual ab? David und ich brauchten etwas ganz Niedrigschwelliges. Also haben wir beschlossen, uns dreißig Minuten pro Woche Zeit zu nehmen, in denen jeder für sich spontan entscheidet, welchen Bibelabschnitt er lesen möchte. Das bedeutet, jeder liest für sich und anschließend tauschen wir uns über unsere Gedanken aus. Zum Abschluss sammeln wir Gebetsanliegen und sprechen ein gemeinsames Gebet. Meistens sind dies die besten dreißig Minuten der Woche, denn in diesen besonderen Minuten darf ich Gott erkennen und verstehen lernen. Ehe kann also auch einen Erfahrungsraum zur tieferen Erkenntnis Gottes eröffnen.

Ritualisiert durch das Jahr: monatlich, vierteljährlich, jährlich, unregelmäßig

Das Schöne an Ritualen ist: Sie verstecken sich überall und sind wundervolle Begleiter durch das ganze Jahr. Ich gebe euch mal ein paar Beispiele:

Einmal im Monat kaufen David und ich uns unser Lieblingseis und verzehren es im Bett. Oder: In unserem Schlafzimmer haben wir selbst gebaute und mit blauer Kreidefarbe angestrichene Briefkästen aufgestellt. Wenn das winzige Fähnchen nach oben zeigt, steigt die Vorfreude, denn dann gibt es Post vom jeweils anderen. Seit 2017 fahren wir im Sommer immer zu einem Blumenselbstpflückfeld. Mein Mann hatte diese Aktion das erste Mal als Überraschung für mich geplant und nun ist es zu einer schönen Tradition geworden. Jeden Sommer fiebern wir gemeinsam auf diesen Tag hin. Oder: Jedes Mal, wenn wir das Treuepunkteheftchen aus dem Supermarkt vollhaben, feiern wir diesen Sieg. Ja, ich weiß, das klingt unglaublich spießig und das ist das Letzte, was ich werden wollte, aber was soll ich sagen: Das gemeinsame Stickersammeln ist einfach zu aufregend. Ganz anders ist das folgende Ritual: Nach jedem Konflikt, den wir besiegeln und aus der Welt schaffen, schütteln wir uns seit Jahren die Hand und vertragen uns ganz offiziell. Irgendwie niedlich und kindlich – für uns aber bedeutsam und exklusiv. Oder noch ein Ritual aus der Vorweihnachtszeit: Wenn der erste Dezember naht, wird es geschäftig bei uns zu Hause, im schönen Sinne, denn dann basteln David und ich für den jeweils anderen einen Adventskalender.

Was will ich mit alldem sagen? Greift zu einer Lupe und entdeckt all die kleinen Rituale, die schon längst da sind. Sie tauchen bei allen Paaren in unterschiedlichen Gewändern auf. Paare buchstabieren ihre liebevolle Verbindung zueinander durch bewusste und unbewusste Rituale durch. Davon bin ich fest überzeigt. Es gibt in jedem Paar diesen Anteil, der sich nach Wiederholung und dem wohligen Gefühl der gemeinsamen Exklusivität sehnt, das einen gemeinsam einhüllt. Wenn ihr kein Ritual findet, dann bedeutet das keinesfalls, dass auf euren Saatböden nur verbrannte Erde liegt. Sät einfach einen Samen für ein neues Ritual. Eins reicht erst mal. Das braucht nun Wasser, Sonne und Pflege und ihr werdet sehen, dass schon bald noch viele weitere Rituale aufblühen werden.

Werdet konkret: Welche Rituale möchtet ihr gern einüben?

Nun habt ihr viel über Rituale gelesen. Vielleicht fragt ihr euch: Wo fangen wir denn jetzt am besten an? Mein Vorschlag: Startet mit eurer Sieben-Tage-Woche und fangt mit kleinen Schritten an. Die wichtigsten Gedanken aus den letzten Abschnitten habe ich für euch hier noch mal im Schnellüberblick zusammengefasst:

- Startet mit einem neuen Ja, denn dieses braucht ihr, um auch Durststrecken durchzuhalten. Das Einüben von Ritualen braucht nämlich Zeit, oftmals einige Monate, manchmal auch ein bis zwei Jahre. Habt ein wenig Geduld. David und ich haben uns unsere Rituale auch nicht an einem Tag überlegt, sie dann festgelegt und umgesetzt. Sie waren das Ergebnis mehrerer aufeinander aufbauender Jahre. Die Zeit rennt euch nicht davon. Ihr habt ein ganzes Leben, um zu gestalten, auszuprobieren und Ideen auch wieder zu verwerfen.
- Selbstverständlich vermischen sich die Ebenen: Geistliche Intimität kann auch emotionale Nähe erlebbar machen und gemeinsame Erlebnisse stärken wiederum geistliche Intimität. In alldem geht es vielmehr um eine Fokussetzung. Vielleicht merkt ihr beim Ausprobieren auch, dass ihr nicht der Typ für ein bestimmtes Ritual seid. Das ist völlig in Ordnung: Paarrituale sind keine Paarregeln! Rituale schaffen ein Grundgerüst. Sie dürfen nie starr, mechanisch oder gar ein-

engend werden. Nein, sie sollen Leben schenken. Zwischen all den Ritualen findet weiterhin das pure Leben statt. Leckeres Abendessen, spontan einen Film gucken, gemeinsam Freundinnen und Freunde treffen, sich nachts verquatschen oder einfach gemeinsam lachen.

Im Folgenden findet ihr eine Hilfestellung, die euch bei der Umsetzung erster Schritte konkret helfen kann.

Ebene, die das Ritual anspricht	Konkrete Umsetzung (Zeit, Ort usw.)?
Organisatorische Absprachen im Alltag	
Gemeinsame Erlebnisse	
Emotionale Tiefe	
Geistliche Intimität	

Ritualfrust: Wer dient hier eigentlich wem?

Vielleicht kennt ihr es bereits aus eigener Erfahrung: Man etabliert ein Ritual und irgendwann kommt man an den Punkt, an dem man sich fragt: Wer dient hier eigentlich wem? Das Paarritual kostet Kraft und Energie, und wenn wir ehrlich sind, ist der Alltag schon herausfordernd genug. Von allen Stellen zerrt es an uns. Ist das wöchentliche Rausbringen des Mülls da nicht schon genug

Paarritual? An so vieles müssen wir denken. So vieles dürfen wir nicht vergessen. Die Mental Load, dieses Gefühl, so viel im Kopf zu haben, dass er schier platzt, belastet unsere Köpfe. Für Familien mit Kindern gilt das besonders. Aber auch ich kann mich an Arbeitswochen erinnern, in denen ich über fünfundsechzig Stunden arbeiten musste.

Daher ist es anfangs sinnvoll, sich genau zu überlegen, welchen emotionalen Ertrag man sich von dem Paarritual erhofft und wie viel Zeit man dem Paarritual realistisch einräumen kann. Nur wenn beide mitziehen, kann man als Paar ein Paarritual etablieren. Jeder trägt Verantwortung dafür und sollte seinen Teil zum Gelingen beitragen. Um mit dem Paarritual zu starten, benötigt es klare Absprachen und einen klaren Fokus. Fragt euch also im Vorfeld:

- Warum wollt ihr das Paarritual einführen?
- Was versprecht ihr euch davon?
- Warum wählt ihr gerade diesen Wochentag oder diese Uhrzeit aus?

Ein Paarritual braucht also Wiederholung und genaue Absprachen. Wenn ihr euch zum Beispiel dazu entschließt, abends eine medienfreie Zeit einzulegen, müsst ihr nicht nur Beginn und Ende dieser Zeit festlegen, sondern auch den Platz, an den ihr eure Handys legen wollt. Macht euch bewusst, dass ihr in dem Moment, in dem ihr ein Paarritual einführt, in einen herausfordernden Veränderungsprozess eintretet. Neue Gewohnheiten müssen eingeübt werden. Das menschliche Gehirn tut nicht nur etwas Neues, sondern es wird auch dazu aufgefordert, etwas Altes, Vertrautes und Wohltrainiertes loszulassen. Paarrituale lassen im Gehirn nämlich neue Pfade entstehen.

Nehmen wir das Bild eines Schlittens. Vielleicht kennt ihr diese glatten Schlittenbahnen, auf denen man perfekt und superschnell den Berg hinuntersausen kann. Nun möchtet ihr einen neuen Pfad, eine neue Schlittenbahn, ausprobieren. Die neue Bahn bietet euch auf lange Sicht enorme Vorteile. Eventuell ist sie länger und ihr könnt die Abfahrt länger genießen. Darüber hinaus ist auch der Ausblick beim Schlittenfahren schöner. Außerdem führt die neue Bahn euch an einen Ort, zum Beispiel an einen See, der euch guttut. Also nichts wie hin. Allerdings seid ihr diese Strecke noch nie gefahren. Der Schnee ist noch recht hoch und pulverig und ihr müsst den höheren Berg immer wieder hochsteigen, damit ihr die Bahn nach vielen Malen glatt gefahren habt. Anfangs ist es gar nicht so leicht, den inneren Schweinehund immer wieder zu überwinden: Ihr müsst euch nach jeder Abfahrt neu entscheiden, den Berg noch einmal hochzusteigen, um ihn ein weiteres Mal hinunterzufahren. Das kann mühsam sein. Gerade weil es so herausfordernd ist, schleicht ihr, schneller als ihr gucken könnt, doch lieber wieder zur alten, gut eingefahrenen Schlittenbahn rüber. Womöglich passiert euch das immer und immer wieder. Klar: Die alte Bahn ist deutlich näher dran und das Rutschen klappt viel besser. Doch für Dranbleiber wartet ein Fest, denn nach einer Weile werdet ihr merken, wie gut die neue Bahn geworden ist und wie viel Spaß es macht, auf ihr den Berg hinabzusausen. Die neue Bahn ist frei und glatt, das Hochsteigen scheint kein Thema mehr zu sein und die Aussicht ist ein echter Genuss.

Dieses Bild beschreibt für mich sehr eindrücklich den mühsamen Weg, den wir oft gehen müssen, wenn wir uns Veränderung wünschen. Bevor Paarrituale sich in Gewohnheiten verwandeln und wir »die Früchte unserer Arbeit genießen können«, müssen wir alte Pfade verlassen und neue betreten. Ja, es ist herausfordernd, sich immer wieder neu zu entscheiden, es auszuhalten, wenn man bemerkt, dass man doch wieder zur alten Rodelstrecke geschlichen ist, wieder neu zu starten und den Fokus auf das Ergebnis zu richten. Aber glaubt mir: Das Dranbleiben wird sich für euch als Paar lohnen. Nach einer Weile werdet ihr die Veränderung spüren. Die Wiederholung wird zu einem inneren Automatismus führen und irgendwann müsst ihr nicht mehr viel dafür tun, damit ihr euch an dem Paarritual und seinem Ertrag freuen könnt. Wie war das noch mal? Wer dient hier wem? Am Ende wird das Paarritual euch als Paar dienen. Ihr werdet eure innige und warme Liebe zueinander immer wieder reaktivieren und spüren.

Trotzdem gilt zu jeder Zeit: Das Ritual ist für euch da und nicht ihr fürs Ritual. Wenn ihr merkt, dass es euch zu sehr unter Druck setzt, es euch eure Freiheit raubt und ihr in Regeln erstarrt, dann ist für euch im Zweifelsfall gerade etwas anderes nützlich. Ich denke gern daran, wie Jesus zu den Menschen sagte: »Der Sabbat wurde doch für den Menschen geschaffen und nicht der Mensch für den Sabbat« (Markus 2,27b). Genauso verhält es sich mit den Ritualen. Rituale sind wie der Sabbat eine Art innere Einstellung. Sie sind eine geistliche Übung und eine Ja-Gesinnung für die Ehe. Aber sie sind am Ende für euch da und unterliegen keinem Leistungsdruck.

Ehe mit Vision: Eine Segenslinie ziehen

Das alte Tagebuch

Ich stehe zwischen lauter Kartons und Zetteln in unserer gemütlichen Wohnung in Hannover und räume auf, sortiere Dinge, die ich nicht mehr brauche, aus. Dabei fällt mir auch eines meiner vielen Tagebücher in die Hände. Der Tag, an dem meine Mutter und ich mit dem hellroten Koffer unser Zuhause verlassen haben, liegt nun schon zwanzig Jahre zurück, und so wage ich es, einen Blick hineinzuwerfen. Doch als ich die schmerzvollen Zeilen von damals lese, zieht sich alles in mir zusammen. Ich bin erschüttert und denke darüber nach, wie zerbrochen ein Mensch sein kann. Meine Gedanken wandern zu dem ersten Februartag zurück: Damals, vor knapp dreizehn Jahren, sah meine Innenwelt ganz anders aus als heute.

An diesem Tag bin ich aus dem Bus gestiegen und noch ein Stück unter einer Brücke spazieren gegangen. Ich befand mich auf dem Nachhauseweg von der Schule. Ich weinte mir die Seele aus dem Leib, wie an jedem Tag in der zehnten Klasse. Der Schmerz schien mir so unüberwindbar, dass ich mir tief im Herzen wünschte, ich müsste an keinem weiteren Morgen mehr aufwachen. All der Schmerz, den ich damals als Kind verdrängt hatte, meldete sich nun als Teenie wieder zu Wort. Ich durchlebte psychodynamisch gesehen einen völlig normalen Prozess. All die Gefühle, die ich abgewehrt hatte – die Trauer um all die Verluste und die Angst, an einem fremden Ort zu sein –, waren in meinem Unbewussten gespeichert gewesen, eingefroren und konserviert. Doch meine innere Kraft, den Schmerz aufzuhalten, ließ immer mehr nach. Ich konnte all das nicht länger verdrängen und es brach aus mir heraus, brannte in meinem ganzen Körper. Ich spürte diesen lang verdrängten Schmerz in meinen Händen, Armen und in meinem Bauch.

Meine Gedanken wandern weiter und ich erinnere mich an diesen einen bestimmten Moment: An diesem Tag unter der Brücke versprach ich mir und Gott, einfach am Leben zu bleiben. Ich habe mein Ja für ein Leben mit Gott festgemacht und mich für das Leben mit all den bedrohlich erscheinenden und bevorstehenden Konsequenzen entschieden. Bis zu diesem Zeitpunkt hatte ich unzählige Verlusterfahrungen gemacht und wusste, dass es nur einen gibt, der mich halten konnte. Der Glaube, dass es einen Gott gibt, der heilen kann und der eine Segenslinie mit mir gehen wird, hielt mich am Leben. Mir war bewusst, was ich die kommenden Monate und Jahre durchzustehen hatte. Ich war damals tatsächlich bereits sehr realistisch und wusste, dass ein langer Weg vor mir lag, ein Prozess, in dem Gott und ich viele brennende Schmerzpunkte angehen müssten. Es gab keine Abkürzung.

Aber Gott hatte mein Ja. Ich wollte das Leben und die Fülle mit ihm, hatte einen Wunsch, eine Vision und war Gott gegenüber erwartungsvoll. Dennoch musste ich erst einmal durch diesen Prozess hindurch. Die folgenden Monate nach dieser Entscheidung unter der Brücke waren die dunkelsten meines Lebens. Ich weinte viele, viele Tränen, war so zerbrochen. Würde ich heute meinem damaligen Ich begegnen, ich würde mich nicht wiedererkennen. Es gab Tage, da saß ich mitten auf der Straße, weil ich vor lauter Schmerz und Tränen zusammengebrochen war und nicht weitergehen konnte. So oft musste ich mich dort, wo ich stand, hinsetzen, weil nichts mehr ging. Ich hatte immer Freundinnen und Freunde in der Schule gehabt, aber in diesen Monaten entfernten sich fast alle von mir. Keiner von ihnen hielt es in der Nähe dieses Schmerzes aus. Jede Schulpause schloss ich mich auf der Toilette ein, versteckt vor den Blicken anderer, und ließ meinen Tränen freien Lauf. Freundlich entschuldigte ich mich fast jede Schulstunde, dass ich auf Toilette müsse. Ich ergriff die Flucht, um kurz zu weinen und anschließend die nächste Klassenarbeit zu schreiben.

Doch da war ein tiefer Wunsch in mir. Das, was ich mir wünschte, lag noch in der Zukunft, aber keiner konnte ihn mir wegnehmen oder zertrümmern. In meinem Kopf war ein Bild von etwas, das ich in der Gemeinde bereits in Ausschnitten gesehen hatte, etwas, von dem ich gehört hatte. Das Bild war glasklar und es entwickelte sich zu einem ehrgeizigen Ziel von mir. In jenem Augenblick habe ich den Samen für Davids und meine tiefe Verbindung eingepflanzt. Damals mit sechzehn Jahren unter der Brücke hatte ich eine glasklare Vision vor Augen: Ich wollte eine gesunde Ehe in der Fülle Gottes erleben. Ich versprach mir selbst, dafür zu kämpfen und mich auf diese große Chance vorzubereiten. Ich wusste, dass viel Arbeit vor mir lag, doch mitten in der Zerbrochenheit war es wie eine leise Zusage Gottes, dass dieser tiefe Wunsch wahr werden würde.

Nun sitze ich vor meinem Tagebuch und starre es an. Jeden Tag erfüllt mich eine tiefe Dankbarkeit, die ich nicht vergessen möchte. Sie darf nicht verblassen, und vielleicht ist genau das der Grund, warum ich diese Zeilen hier aufschreibe: um wieder ein Stück mehr dort zu sein, wo ich mal war.

Doch für diese Vision, die ich heute leben darf, musste ich hart kämpfen und durch viele dunkle Täler hindurchwandern. Dort unter der Brücke auf dem Rückweg von der Schule begann meine Reise. Es war eine Reise mit Gott an meiner Seite. Er nahm mit mir zusammen Scherbe für Scherbe in die Hand und klebte sie mit seinem starken Kleber wieder zusammen.

Einige Menschen belächeln David und mich, weil wir seit über fünf Jahren alle drei Monate gemeinsam ein Ehevisionswochenende verbringen. Das klingt fast zu engagiert, um wahr zu sein. Aber Fakt ist: Eine Ehe braucht eine Vision. Die Bibel sagt: »Ohne Gottes Weisung verwildert ein Volk [...]« (Sprüche 29,18a). Die Saat für meine große Vision wurde damals unter der Brücke gesät und sie schenkte meinem Leben Sinn und Tiefe. Das war es, was ich mir wünschte: eine Ehe mit Gott im Bunde. Sicher, Ehe ist nicht die Erfüllung schlechthin, und ich erinnere mich an wundervolle Momente als Single. Aber in einer Ehe können wir echtes Gold finden und Gottes Vollkommenheit und Gnade erleben. Eine Ehe soll keine Leerstelle füllen, aber sie kann ein Auftrag, ein Abenteuer und ein Geschenk sein. Heute lebe ich eine Ehe mit Vision, denn ich hatte damals unter der Brücke eine Vision davon, eines Tages genau in dieser Ehe leben zu dürfen.

Als David und ich eineinhalb Jahre verheiratet waren, bereitete mein Mann eine Überraschung für mich vor, wie an dem Tag unserer Verlobung. Er schmückte ein Spalier mit Blumen, stellte Kerzen auf, dekorierte mit Bildern und schrieb mir einen Brief. Für ihn war es ein kleiner zweiter Heiratsantrag. Ich war so gerührt, dass mir die Tränen kamen. Zum vierten Verlobungstag überraschte er mich wieder. Eine ganze Woche lang bastelte, kochte, dekorierte er und überraschte mich erneut. Ich trat wieder in einen Raum voller Lichter, Blumen und Briefe und war sprachlos, überrascht, überwältigt und konnte es nicht so richtig glauben. Woher hat er nur all die Muße und Liebe genommen? Ich kann es mir nicht anders erklären, als dass er sie durch Jesus bekam. All das hatte ich gar nicht erwartet und da stand ich mitten im Liebesregen und durfte es annehmen. Mir wurde neu bewusst, was für einen Goldschatz ich an meiner Seite hatte.

An einem dieser Abende erinnerte ich mich nach langer Zeit wieder an die Situation unter der Brücke, an diesen kurzen Gedankengang, in dem ich mich für das Leben und die Fülle, die ich Gott zutraute, entschieden hatte. Ich kramte meine Tagebücher hervor, um zu begreifen, was damals eigentlich los gewesen war, erkannte, wie sehr sich mein Hier und Jetzt von dem Damals und Dort unterschied. Ich spürte Trauer und Frieden zugleich und verstand, wie tief der Wert einer umkämpften Vision ist.

Ein Bild füreinander

Eine Vision ist ein Anliegen für etwas, das weit über das hinausreicht, was nur im Heute passiert. Um eine Vision zu finden, ihr auf die Spur zu kommen, braucht es einen inneren Raum, den es gilt mit Gedanken der Zuversicht und Hoffnung, der Schönheit und Lebendigkeit zu füllen. Wie können Zukunftswünsche entstehen? Wie können sie im Einklang als Paar miteinander wachsen und gedeihen? Eine Vision zu haben, kann verletzlich machen. Sie kann aber auch beflügeln und sich hingebungsvoll anfühlen. Sie kann uns in ein unbekanntes und zugleich vertrautes Neuland führen, das zaghaft schon immer in uns geschlummert hat. Eine Vision kann Türen öffnen, die lange verschlossen waren. Sie fordert Opfer und radikale Liebe. Vision will unser Herz durchfluten und unsere Haltung formen. Sie will unser Morgen malen und unser Heute in tiefe Sinnhaftigkeit tauchen.

Doch wie findet man in eine Vision als Paar? Eine Ehe mit Vision geht immer in zwei Richtungen: Sie denkt groß füreinander und für andere. Im Füreinander geht es darum, ein Bild davon zu haben, wie man miteinander leben möchte, auf welche Art und Weise man einander behandeln will und wie man seine Liebe auf dem gemeinsamen Lebensweg Ausdruck verleihen möchte. Für David und mich war ein Meilenstein in der Visionsfindung unser Trauversprechen. In unserer Verlobungszeit haben wir über Monate hinweg unsere Gedanken gesammelt und uns darüber ausgetauscht, was wir glauben, was unsere Ehe, die nachhaltig von Liebe durchwoben sein soll, benötigt. Als Krönung dieses Prozesses sind wir ein Wochenende weggefahren und habe alles, was uns relevant erschien, aufgeschrieben. Wir entschieden uns, sowohl einen gemeinsamen Teil zu verfassen als auch jeweils einen persönlichen Teil. Der gemeinsame Teil war zugleich eine Vision für unseren Umgang miteinander. Natürlich ist es ein hochgestecktes Ideal. Eins, nach dem wir uns ausstrecken. Eins, an dessen Herzschlag wir an einigen Tagen nah dran und von dem wir an anderen Tagen meilenweit entfernt sind. Dennoch braucht es ein Ideal, denn ein solcher Maßstab schenkt Orientierung und schult unsere innere Haltung. Der folgende Abschnitt ist ein kleiner Ausschnitt aus unserem Trauversprechen:

> Ich möchte nach dem Willen des Herrn, des Allmächtigen, unseres Gottes und Retters Jesus Christus, leben, sein Reich mit dir bauen und ihm eine Freude sein. Dabei soll unser Leben die Beziehung von Christus zu seiner Gemeinde, der Braut, widerspiegeln. Sie soll sich Christi Aufopferung und selbstlose Liebe zum Vorbild nehmen.

Übungsfeld: Ein Bild füreinander

Macht es euch gemütlich. Vielleicht zündet ihr eine Kerze an und macht euch einen heißen Tee oder tut, was immer ihr braucht, um euch wohlzufühlen. Nehmt euch für diese Übung genug Zeit. Entscheidet nun gemeinsam, ob ihr ein, zwei, drei, vier, fünf oder gar zehn Jahre in die Zukunft reisen wollt. Nun schreibt, und zwar erst einmal jeder für sich, auf, wie ihr euch euer gemeinsames Leben in dieser Zukunft vorstellt. Lest euch im Anschluss eure Entwürfe gegenseitig vor und tauscht euch darüber aus.

Übungsfeld: Ein Bild für andere

Für die folgende Übung muss ich ein wenig weiter ausholen. Als David und ich unser Trauversprechen formulierten, entwickelten wir nicht nur eine Vision für uns und unser Miteinander, sondern wir überlegten auch, was wir zukünftig als Paar für andere tun wollten. Also fügten wir unserem gemeinsamen Teil noch einige Zeilen hinzu:

> Unsere Ehe soll Jesus Christus Botschaft weitergeben und seine Herrlichkeit offenbaren. Sie soll Menschen die Ehe nach seinen Verheißungen schmackhaft machen. Dies alles wünschen wir uns vom ganzen Herzen, wissend, dass wir dafür Gottes Gnade brauchen.

Wir brennen dafür, andere Menschen mit Gottes Liebe in Berührungen zu bringen. Eine gemeinsame Vision für andere zu haben, bedeutet, dass es etwas gibt, das größer und wichtiger ist als unsere eigenen Belange, etwas, das uns verbindet, weil unsere Herzen für ein gemeinsames Anliegen brennen. Es bedeutet auch, eine Not zu erkennen, die wir nicht länger hinnehmen können, weil wir uns sonst selbst verleugnen würden. An dem Punkt, an dem unsere Ressourcen auf die Not anderer Menschen treffen, kann eine Vision entstehen.[5] Der Petrusbrief ermuntert uns, für das Wohl anderer einzustehen: »Bittet Gott um seinen Segen für den anderen. Denn ihr wisst ja, dass Gott auch euch dazu berufen hat, seinen Segen zu empfangen« (1. Petrus 3,9b; LUT 2017).

Es ist Gottes Auftrag an uns Menschen, Güte und Liebe zu verteilen. Mit Gott gibt es keine Stagnation, wenn man mutig ist, sich von ihm gebrauchen lässt und seine Berufungen lebt. Gott ist definitiv kein Langweiler, stattdessen wird man als Paar immer wieder mit neuen Herausforderungen konfrontiert werden. Doch in alldem ist man nie allein – Gott ist mit dabei. Zudem ist es ein Prozess, in dem Gott nach und nach weitere Gaben aufdecken wird. Er wünscht sich, dass man als Paar nicht bequem wird, sondern weiterwächst. So erweitern sich Visionen. Es ist ein Kreislauf, in dem das Herz für etwas schlägt, man Mut braucht und gemeinsam Hindernisse überwindet. Plötzlich steht man da, wo Gott einen hinhaben wollte, und dann geht es von vorne los. Dieses Von-vorne-Losgehen ist wichtig, damit wir Gott nicht aus den Augen verlieren und ihn immer wieder neu suchen und auf ihn angewiesen bleiben.

> Jeder soll dem anderen mit der Begabung dienen, die ihm Gott gegeben hat. Wenn ihr die vielfältigen Gaben Gottes in dieser Weise gebraucht, setzt ihr sie richtig ein.
>
> *1. Petrus 4,10*

> Nicht ihr habt mich erwählt, sondern ich habe euch erwählt. Ich habe euch dazu bestimmt, dass ihr euch auf den Weg macht und Frucht bringt – Frucht, die bleibt.
> *Johannes 15,16a*

Nun seid ihr dran: Macht es euch auch für diese Übung bequem, nehmt euch genug Zeit und habt am besten Papier bzw. euer persönliches Notizbuch und Stifte parat. Denkt über die folgenden Fragen gemeinsam nach und kommt darüber ins Gespräch:

- Welcher Not könnt ihr nicht weiter zuschauen?
- Welche Gaben seht ihr beim jeweils anderen, die für andere bereichernd sein können?

Mutige Paare

Ich habe Paare kennengelernt, deren gemeinsame Vision ihnen einen Beziehungsmehrwert bietet, der weit über finanziellen Wohlstand, materiellen Genuss, Selbstwirksamkeit durch Bildung oder einen schönen Familienurlaub hinausgeht. Die Vision dieser Paare schenkt ihnen etwas, was sie zu einem untrennbaren Team zusammenschweißt.

Ich denke zum Beispiel an ein Paar, das eine ihm bis dahin völlig fremde Sprache erlernt hat, weil es eine bestimmte Bevölkerungsgruppe kennenlernen wollte. Oder ich denke an ein Paar, das Pflegekinder aufgenommen hat und ihnen ein von Liebe überflutetes Zuhause schenkt. Ich denke auch an das Paar, das auf ein regelmäßiges Einkommen verzichtet hat – trotz vier Kindern – und stattdessen eine Kirche gegründet hat, die heute für viele Menschen Heimat bedeutet. Und ich denke an das Paar, das ein wunderschönes Haus im sonnigen Kalifornien verlassen hat und nach Deutschland ausgewandert ist, um eine Arbeit für Frauen aufzubauen, die aus der Zwangsprostitution kommen.

Mir fallen noch zahlreiche Beispiele von Paaren ein, die mich inspiriert und geprägt haben. Kennt ihr auch solche Paare? Bestimmt gibt es das eine oder andere Paar in eurem Umfeld, das auch euch inspirieren könnte. Diese Paare brennen für das, was sie tun. Jesus selbst sagt: »Ich bin gekommen, um auf der Erde ein Feuer zu entfachen. Wie froh wäre ich, es würde schon brennen!« (Lukas 12,49). Im weiteren Verlauf des Verses spricht er davon, dass nicht alle Menschen, die uns nahestehen, unseren Weg mit Gott nachvollziehen können. Auch das habe ich bei den verschiedenen Paaren miterlebt: Sie hatten und haben bis heute ein Ja für ihre Berufung, auch wenn liebe Menschen sie nicht verstanden haben und es zu Konflikten gekommen ist.

Darüber hinaus verbinden alle diese Paare zwei Aspekte: Sie sind einerseits bereit, Gott zu folgen und seinen Willen zu tun, und andererseits sehen sie ihr Miteinander als etwas, das nicht nur um sie und ihre Liebe kreist. Ihr Miteinander ist mehr als nur ein Selbstzweck.

Vor allem, wenn wir es in unseren Herkunftsfamilien nicht erlebt haben, Teil einer größeren Familienvision zu sein, ist dieses sinnstiftende Erlebnis einer gemeinsamen Vision von besonderer Bedeutung. Als Paare starten wir eine neue Segenslinie und legen den ersten Stein des Fundaments. Auch wenn diese Verantwortung groß erscheint und euch als Paar diese Aufgabe vielleicht zunächst überwältigt, ist doch der Samen, den ihr säen könnt, unglaublich kraftvoll. Sinnstifter einer Familienlinie zu sein, ist eine große Aufgabe, aber auch eine besonders ehrenvolle. Wenn es euch an Vision mangelt und ihr es in eurer Herkunftsfamilie nicht erlebt habt, wie man als Team Gottes seinen Auftrag erfüllen kann, dann lass mich euch sagen: Gott traut es euch zu. Er mutet euch die Aufgabe zu, mit ihm zusammen neue Visionen zu schaffen und diesen zu folgen. Er versorgt euch mit allem, was ihr benötigt, um aufzubrechen und eure Segenslinie zu gehen.

JETZT SEID IHR DRAN

- Welche Paare aus eurem Umfeld sind mutig und leben anders als die Mehrheit?
- Was inspiriert euch an ihnen?
- Was wollt ihr in eure eigene Beziehung integrieren und übernehmen?

Von Ehevisionswochenenden und prägenden Momenten

Eine gemeinsame Vision entsteht selten von einem Tag auf den anderen. Manchmal wünschen wir uns, Gott würde sofort sprechen und uns seine Gedanken offenbaren. Doch eine Vision ist das Ergebnis stundenlanger Gespräche, in denen Werte ausgehandelt werden und man in all den persönlichen Wünschen und Herzensanliegen die gemeinsamen Überschneidungen entdeckt. Das bedeutet: Als Paar müssen wir unserer Visionsfindung Raum geben. Davids und meine Lösung dafür ist unser regelmäßig stattfindendes Ehevisionswochenende.

Jede Ehe ist ein kleines Team und jedes Team hat regelmäßige Meetings, oder? Auch wenn ich zugegebenermaßen wenig Ahnung von Sport habe, so weiß ich doch, dass jedes Team ein Ziel hat und eine Strategie, um dieses zu erreichen. Jedes Mitglied bringt seine Stärken mit und ist nur im Zusammenspiel mit den anderen Mitgliedern erfolgreich. Dafür setzen sie sich regelmäßig zusammen, machen eine Bestandsaufnahme und stellen Pläne auf.

Ich bin davon überzeugt: Wir planen viel mehr im Leben, als uns bewusst ist. Wir planen unsere Bildungsabschlüsse, wir planen unsere Karriereziele, wir planen unsere Finanzen, wir planen unseren nächsten Urlaub, wir planen die gemeinsame Freizeit in unserer Gemeinde, wir planen unsere Ernährung, wir planen unsere Geburtstage, ja, wir planen sogar unsere Weihnachtsdeko. Wir haben überall dort einen Plan, wo wir uns nach der Umsetzung schlussendlich Gelingen und Zufriedenheit erhoffen. Und manchmal denke ich, wir könnten unsere geballte Planungsenergie auch in das stecken, woran wir uns viele, viele Jahre lang erfreuen wollen. An dieser Stelle möchte ich deshalb Davids und meinen Weg mit euch teilen.

Mein Mann und ich leben in der Stadt. Wir sind oft unterwegs und haben einen – wer kennt es nicht – vollgepackten Alltag, den wir allerdings lieben. Doch etwa alle drei bis vier Monate packen wir unsere Sachen und fahren weg. Weg von unserem Alltag hinaus aufs Land, wo wir bei einer alten Freundin übernachten, die gern Gäste bewirtet und ihnen eine Auszeit schenkt. Und genau dort, während dieser Auszeit, halten wir unser sogenanntes Ehe-Meeting ab.

Dem einen Paar genügt es, sich gemeinsam in den Garten oder auf den Balkon mit einem Glas Wein zu setzen, das nächste Paar braucht einen ausgiebigen Spaziergang und wir, wir fahren halt gern ein paar Kilometer weiter weg. Wir genießen dabei die Fahrt und die Distanz zum Alltag, die sich mit jedem Kilometer Autofahrt wie von selbst einstellt. Für uns ist das eine andere und besondere Art Urlaub. Hier stehen nicht die gemeinsamen Aktionen im

Vordergrund, wie Ausgehen oder Abenteuererleben, sondern der bewusste Blick nach innen. Es geht um einen Blick, der es uns ermöglicht, den tieferen Sinn des Alltags neu zu denken und zu bewerten. Wenn wir wieder zurückkommen, sind die alltäglichen Dinge anders, sinnerfüllter. Wir sehen uns als Paar und unser Miteinander wie durch eine andere Brille, vielleicht sogar ein Stück weit durch Gottes Brille.

Als wir das erste Mal aufs Land zu unserer Freundin fuhren, gab sie uns viele positive Gesprächsanreize. Sie versorgte uns mit einer Vision für unsere Ehe, in der wir uns bis dahin aber noch nicht ansatzweise wiedererkennen konnten. Inzwischen verstehen wir, was sie meinte. Sie ermutigte uns, darüber nachzudenken und Gott zu fragen, für welche Menschengruppen wir eine Unterstützung sein könnten. Als wir anschließend Zeit für uns allein hatten, tauchten wir ein in lange Gespräche über die Bedeutung unserer Partnerschaft und wofür Gott sie nutzen könnte. Wir hatten einfach Ruhe und Zeit, uns gemeinsam mit Gott all unseren Anliegen zu widmen. Nach diesen Gesprächen fühlten wir uns erfrischt und voller Tatendrang.

Wir merkten: Ein solches Erlebnis, das sich so ganzheitlich erholsam auf unsere Partnerschaft auswirkte, wünschten wir uns regelmäßig. Diese Auszeit würden wir gern wiederholen. Und so entwickelte sich das Ganze nach und nach wie von selbst zu einem Ritual: zu unserem Ehe-Meeting.

Irgendwann begannen wir, gemeinsame Wünsche auf Papier zu bringen. Inzwischen kehren wir aus dem Wochenende meistens mit einem Zettel nach Hause zurück, auf dem wir fünf bis sechs Aspekte niedergeschrieben haben, die wir im Alltag anders leben wollen. Das kann zum Beispiel ein Satz sein wie »Wir wollen unsere Nachbarschaft zum Grillen einladen« oder auch Vorsätze wie »Wir wollen das Smartphone im Schlafzimmer öfter mal ausschalten«.

Jedes Mal, wenn wir wieder zu unserem Ehe-Meeting aufs Land fahren, schnappen wir uns vorher unseren Zettel vom vorangegangenen Mal, der seitdem vielleicht etwas in Vergessenheit geraten ist. Wir ziehen Bilanz: Was hat sich seit dem letzten Treffen verändert? Bleiben manche Punkte auf der Liste oder haben wir sie bereits erfüllt? Welche neuen Impulse wollen wir für uns setzen?

Dann nimmt sich jeder Zeit für sich und für Gott und beantwortet dabei Fragen. Es ist eine Zeit, sich an Gedanken zu wagen und diese in Worte zu fassen. Dabei stellen wir uns offene Fragen, die einen Blick in die Zukunft werfen. Wir fragen uns zum Beispiel, was wir in einem Jahr gemeinsam mit dem anderen genießen möchten oder welcher Menschengruppe wir in Zukunft gemeinsam mit dem anderen dienen wollen.

Anschließend machen wir es uns gemütlich und teilen unsere Gedanken mit dem anderen. Jetzt beginnt eine Zeit des Erzählens und Zuhörens. Dabei entdecken wir immer wieder diese wunderbaren kleinen Überschneidungen und merken: »Der andere denkt ja das Gleiche wie ich!« Nach und nach entstehen so unsere Wünsche und Ziele für die nächsten drei bis vier Monate. Mittlerweile haben wir uns eine kleine Schreib- und Textvorlage gebastelt, in die wir diese dann eintragen, denn wenn wir erst mal dort sind und keine anderen Ereignisse uns ablenken, wissen wir: Wir fahren nicht, bevor wir unseren Alltag nicht neu ausgerichtet haben. Das ist das einzige Ziel dieser Mini-Reise: eine gemeinsame Vision zu setzen, ja manchmal sogar mehrere Visionsgedanken zu entdecken und festzuhalten. Es hilft uns, den Fokus zu bewahren und uns darauf zu besinnen, weshalb wir eigentlich ein Paar sind und wozu das gut ist, dass wir ein Paar sein dürfen. Wir erlauben uns in der Zeit, groß zu denken, auch wenn wir kleine Menschen sind.

Wieder zu Hause angekommen, wird die Hauptsache nicht von den Nebensachen überschattet. Die Nebensachen im Alltag, die sich oft als so wichtig einschleichen, wie »Kaufen wir einen neuen Drucker?« und »Wer nimmt Freitag das Paket entgegen?«, bleiben wieder mehr Nebensachen. Unsere Vision darf weiterhin Hauptsache sein und muss viel weniger hinter dem Vorhang des Alltagsstresses hervorkriechen und nach Beachtung schreien, denn unsere Vision ist wieder präsent.

Nun höre ich die leise Stimme der lesenden Eltern: Geht das auch, wenn man Kinder hat? Jetzt, wo noch keine Kids im Haus sind, ist uns natürlich eine andere Flexibilität geschenkt. Wir wünschen uns dennoch, das später beibehalten zu können und zumindest einmal im Jahr solche Zeiten erleben zu dürfen.[6]

Eine Vision in Worte fassen

Diese Reise aufs Land unternehmen David und ich nun schon seit über sechs Jahren. Die Zeit, die wir uns dort nehmen, um über verschiedene Fragen nachzudenken, ist Gold wert. Am Ende unserer Zeit halten wir meistens sechs Bereiche fest, die wir angehen wollen. Hier mischen sich unser Füreinander und unser Für-andere. Es entsteht eine bunte Mischung aus Wünschen (wie starten wir ein Candle-Light-Projekt für Paare? Lass uns mal unsere Nachbarinnen und Nachbarn aus dem Mietshaus zu einer Grillparty einladen!) und alltäglichen Zielen (wir wollen bewusst gesündere Mahlzeiten im Alltag kochen).

In einem nächsten Schritt schreiben David und ich unsere Visionsgedanken auf, und zwar in großen Buchstaben. Die Worte blicken uns dann täglich eingerahmt in unserem Schlafzimmer entgegen und sind unser Begleiter im Alltag. Ich nutze meist einen Goldstift, um unserer Vision etwas Besonderes zu verleihen und sie zu veredeln. Mir persönlich macht dieser Teil Spaß, da ich Wort und Schrift liebe. Auch in der Bibel fordert Gott dazu auf, das, wonach wir uns ausrichten und ausstrecken, niederzuschreiben, damit es sichtbar, kraftvoll und wirkungsvoll in unserem Leben sich entfalten kann.

> Der HERR sprach zu mir: »Was ich dir in dieser Vision sage, das schreibe in deutlicher Schrift auf Tafeln nieder! Jeder, der vorübergeht, soll es lesen können.«
> *Habakuk 2,2*

Und hier kommen sie nun, Davids und meine Fragen. Vielleicht sind sie auch für euch passend, womöglich möchtet ihr sie aber auch anders formulieren oder sogar ergänzen. Wie gesagt, beantworten David und ich sie immer zunächst einzeln, jeder für sich, deswegen haben wir sie auch in der Ichform formuliert. Für uns ist dieses Vorgehen stimmig, aber vielleicht möchtet ihr die Fragen auch gleich zusammen beantworten. Probiert es einfach aus und findet heraus, was für euch passt.

JETZT SEID IHR DRAN

- Wenn ich an unsere Ehe/Partnerschaft in einem Jahr denke, dann genieße ich vor allem: …
- Wenn ich an unsere Ehe/Partnerschaft in einem Jahr denke, sollen diese Verhaltensweisen, Dinge, Angewohnheiten nicht mehr dabei sein: …
- Ich träume davon, mit dir: …
- Mit dir will ich folgender Menschengruppe dienen: …
- In diese Beziehungen/Familie/Freundschaften sollten wir mehr investieren: …
- In den kommenden Monaten sollten wir: …

Davids und meine Vision

Nicht nur meine Vision für unsere Ehe wurde mitten im Schmerz geboren, sondern auch unsere gemeinsame Vision, Paare zu begleiten, erblickte das Licht der Welt an einem Tag, den ich gedanklich kaum aushalten kann. Unsere Freundin wurde unerwartet von ihrem Mann verlassen. Das durfte nicht wahr sein. Einige Tage später waren wir mit ihr und ihren Kindern essen. Bei der Erinnerung an ihre Augen kommen mir bis heute die Tränen. David und ich, beide Scheidungskinder, saßen da und uns graute es. Wir wussten, was den Kindern bevorstand und auch der Mutter. Wir hatten es am eigenen Leib erfahren. An diesem Abend sagte David zu mir: »Ich will, dass wir Paare professionell beraten können, damit wir Kindern dieses Leid und dieses Chaos ersparen können.«

Einige Jahre später erzählte ich unserer Freundin von diesem Augenblick und mir fehlen die Worte, wenn ich an ihre große innere Stärke zurückdenke. Sie war berührt, wie ihre Geschichte unseren Lebensweg verändert hatte. Ja, sie freute sich sogar darüber. Ich konnte das Maß an Resilienz, das diese Frau mit sich brachte, kaum greifen. Sie ist eine Heldin. Mein ganz persönliches Vorbild. Ihre Freude bestärkte uns in unserem weiteren Weg. So wurde unsere Vision für Paare immer facettenreicher und differenzierter.

Eine Zeit lang glaubte ich, ich dürfte andere Paare nicht begleiten und ermutigen, da mein Mann und ich selbst noch nie in einer Ehekrise gesteckt haben. Heute weiß ich es besser. Natürlich kennen wir, wie jedes andere Paar auch, Konflikte und die damit einhergehenden Gefühle. Aber wir haben als Paar kein jahrelanges und ununterbrochenes Beziehungsleid erlebt. Unser Wissensdurst, unsere Willenskraft und unser Eifer, an unserer Beziehung stetig dranzubleiben, fand und findet bis heute seine Quelle in einem anderen, bereits erwähnten und ebenfalls sehr schmerzhaften Erlebnis: dem Zerbruch unserer Elternhäuser.

Die zerrüttete Ehe von Davids Eltern hat in seiner Kindheit und Jugend genauso viele Wunden geschlagen wie die kaputte Ehe meiner Eltern in meinem Leben. Wir haben mit jeder Faser unseres Seins miterlebt, wie sich die Liebe verhärten und Frost in die Beziehung eindringen kann. Wir haben am eigenen Leib erfahren, was es bedeutet, zerrissen zu sein und den Loyalitätskonflikt zu spüren, den Kinder spüren, wenn Eltern nicht mehr ein Paar sind. Wir haben erlebt, wie die Ehe unserer Eltern, unsere emotionale Existenzgrundlage als Kind, zerbrochen ist.

Cycle Breaking, so lautet der Fachbegriff, mit dem man heute beschreibt, dass transgenerationale Muster nicht weitergegeben und andere Wege beschritten werden. *Cycle Breaking* ist eine große Aufgabe und sie funktioniert nur, indem wir uns Zeit nehmen, Strukturen zu erkennen und diese gemeinsam auseinanderzuklamüsern. Wie oft bagatellisieren Menschen eine Scheidung und sagen, dass doch viele Eltern getrennt seien. Getrennte Eltern sind aber keine normale Erfahrung für ein Kind und erst recht keine, die spurlos an ihm vorbeigeht.

Ich wünsche mir gesunde Ehen, weil ich glaube, dass die Ehe die kleinste Zelle der Gesellschaft ist. Ehen sind systemrelevant. Partnerschaften und Ehen sollten zu allen Ressourcen, die sie als Unterstützung benötigen, freien Zugang haben. Ach, ich träume so sehr von einem Krankenkassensystem, das Paartherapie übernimmt und es nicht nur den Privilegierten zugänglich macht. Hand aufs Herz: Ohne Ehen und Partnerschaften würde unser ganzes kapitalistisches System zusammenfallen. Doch leider werden sie oft wie ein Nebenprodukt unserer Gesellschaft behandelt. Sie müssen halt funktionieren, damit alles andere läuft. Kapitalistische Güter sollen weiter produziert werden, unsere gesundheitliche Versorgung soll stabil bleiben, unser Bildungssystem möglichst eine hohe Qualität aufweisen. Doch vergessen wir oft, dass Ehen nicht das Nebenprodukt sind, sondern der Hauptursprung von Leben und dem, wovon unsere Gesellschaft profitiert.

Als ich noch in der Jugendarbeit aktiv war, erlebte ich immer wieder Jugendliche, die keine Impulskontrolle hatten, denen jedwede Frustrationstoleranz fehlte. Ihre Hemmschwelle war gering, und sie wurden schneller als andere gewalttätig. All dies war oftmals das Resultat fehlender Grenzen und mangelnder emotionaler Selbstregulation. Etliche kamen aus kaputten Familien. Wo also hätten sie all das lernen können? So oft führte ich stundenlange Telefonate mit überforderten, oft geschiedenen Eltern. Alles Eltern, denen Ressourcen fehlten. Sie konnten nichts dafür. Einige waren noch nicht mal alphabetisiert. Wie sollten sie überhaupt die Möglichkeit haben, Ressourcen in Anspruch zu nehmen? Familienbildungsstätten, diakonische Einrichtungen, Schulen und Freizeitzentren schaffen es nicht allein, das Auffangbecken für kaputte Familiensysteme zu sein. Daher brauchen wir eine Gesellschaft, die Paare versorgt: mit Büchern, Seminaren, Lesungen, Filmen, Hörbüchern, Podcasts, Mentoring, Coaching, Beratung und Therapie. Auch braucht es mehr niedrigschwellige Angebote und Beratungsinstitutionen, die finanziell bezuschusst und gefördert werden müssen, um mehr Regionen und unterschiedliche sozioökonomische Schichten zu versorgen.

Wenn wir die Ehe also nicht mehr als Nebenprodukt behandeln, sondern ihr die besondere Zuwendung und Aufmerksamkeit schenken, die sie verdient hat, dann ist der positive Einfluss der Ehe enorm. Eine gesunde Ehe durchzieht alle Lebensbereiche auf erstaunliche Weise: unsere Familien, unsere Freundschaften, unsere Nachbarschaft, unsere Kirchen, unser Kollegium, ja, unsere Gesellschaft. Wenn wir in unserer Ehe Achtung, Bewunderung,

Verständnis für unsere Gefühle und Unterstützung in unseren Vorhaben erfahren, kann das unser Selbstbewusstsein, unser Wohlbefinden und unsere Lebenszufriedenheit stärken.[7] Wir werden mutiger, uns Aufgaben zu stellen, und machen unser Herz weit für andere, da wir uns verstanden und angenommen fühlen. Zudem erlangen wir mehr und mehr die Fähigkeit, die Gaben anderer zu sehen, sie zu benennen und unsere Gegenüber mit erbauenden Worten zu befeuern. Alle diese Geschenke können zum Wohle anderer eingesetzt werden.

Daher setzen David und ich uns für unsere Vision ein. Wir wollen Paaren sichere und behutsame Erfahrungsräume ermöglichen und sie dabei begleiten, eine nachhaltige Beziehung zu gestalten. Wir unterstützen sie dabei, sich gegenseitig seelisch zu nähren und eine Ja-Gesinnung zu entwickeln, damit sich all das Gute und Ebengenannte entfalten kann.

Zwischen Verbindung und Abgrenzung: Grenzen setzen und bewahren

Grenzen – ein Liebeskonzept Gottes

Grenzen setzen. Das klingt nach: Stopp. Das klingt nach einem Störsignal. Ist Liebe denn nicht grenzenlos? Es heißt doch immer »grenzenlose Liebe«. Die Grenzen eines anderen Menschen zu achten, bedeutet aber, zu respektieren, dass er selbst entscheiden darf, was ihm gerade guttut und was nicht. Und das wiederum ist Liebe. Umgekehrt gilt: Wenn wir für uns sorgen und Verantwortung für unsere Bedürfnisse übernehmen, erleben wir Verbindung und nehmen unsere Gefühle ernst. Wir setzen Grenzen und merken, dass uns diese sogar guttun.

Gesunde Grenzen öffnen den Raum für eine tiefe Freiheit in unseren Beziehungen. Das führt uns zurück zum Garten Eden.

Dort hat Gott entschieden, uns Menschen einen freien Willen zu schenken. Adam und Eva durften selbst entscheiden, ob sie Gottes Wunsch und Bedürfnis nach einer Beziehungsgestaltung in seinem Sinne nachkommen wollten oder nicht. Gott zwingt niemanden. Im Garten Eden überschüttet Gott uns Menschen mit einem Geschenkeregen. Er spart an nichts und ist maßlos in seiner Großzügigkeit. Er ist der Erfinder der Großzügigkeit. Es ist nicht so, als müsste Gott sein Inneres vor Eindringlingen schützen. Er ist in sich heil und vollkommen und muss sich nicht vehement abgrenzen.

Gott stellt uns sein gesundes Liebeskonzept vor und dieses beinhaltet eine Grenze. Alles gehört ihm. Er teilt seinen himmlischen Reichtum mit uns. Gleichzeitig wünschte er sich aber auch, dass Adam und Eva diese eine Frucht im Garten Eden nicht essen. Gott setzte also eine Grenze, legte einen Bereich fest, den Menschen nicht betreten sollten. Gott wollte diese Grenze, diesen Abstand, denn er wusste, dass es der Beziehung zu ihm guttun würde. Der Unterschied zu uns, die wir nicht immer rücksichtsvolle Grenzen setzen, ist, dass Gott mit seinen Handlungen in der Beziehungsgestaltung immer unser Bestes im Sinn hat. Er ist schließlich die Liebe selbst. Sein ganzes Handeln ist ein Liebesdienst an uns. Wir dürfen Grenzen als seinen Liebesdienst und als sein Liebeskonzept neu begreifen.

Grenzen sind für eine Beziehung essenziell. Denn nur dort, wo Grenzen vorhanden sind, können wir innere Räume gestalten und befüllen und außerhalb der Grenzen in Kontakt treten. Nur mit Grenzen können wir emotionalen Kontakt erleben. Wer seine eigenen Grenzen von anderen dauernd überschreiten lässt, wird auf lange Sicht wütend und aggressiv. Es ist die Aggression der fehlenden eigenen inneren Versorgung. Wenn wir unsere Grenzen nicht spüren oder sie gar ignorieren, fallen wir irgendwann in die Leere. Erst durch Grenzen entstehen ein Ich und ein Du. Erst wenn ein Ich und ein Du in ihrer Abgrenzung deutlich werden, kann es auch ein Wir, ein Teilen von Nähe, geben. Daher möchte ich euch an die Hand nehmen, auf eine Reise, um zu entdecken, was diese Idee Gottes bezüglich Grenzen in der Praxis bedeutet.

Ich habe in einem früheren Kapitel bereits erklärt, wie wichtig Gestaltungsräume sind. Fakt ist: Auch wenn Grenzen erst einmal nach einem Nein klingen, sind sie eigentlich ein Ja. Denn erst durch Grenzen entstehen Räume. Wir erleben es alle täglich: Durch Wände entstehen Zimmer, durch Mauern Häuser, durch Zäune Gärten. Nun gilt es, eure gestalteten Räume zu schützen und zu bewahren. In einigen Beziehungen braucht es auch erst die Grenzen, damit die Gestaltungsräume überhaupt entstehen können. Um eure Gestaltungsräume zu schützen und ihnen einen stabilen Rahmen zu geben, werfen wir nun einen Blick nach innen, schauen individuelle Grenzen sowie innere Begrenzungen an. Ich wünsche euch, dass ihr dabei die verschiedenen Facetten und Möglichkeiten von Grenzen kennenlernt und erlebt, wie Grenzen ein Gewinn für euch als Paar sein können.

Der Blick nach innen

Grenzen innerhalb eurer Ehe können eure emotionale und körperliche Intimität stärken. Sie schaffen einen Schon- und Schutzraum und stabilisieren diesen. Wer, um Harmonie zu wahren, immer und immer wieder eigene Grenzen ignoriert, läuft Gefahr, sich innerlich in eine zerrissene Ambivalenz zu begeben. Sich immer wieder anzupassen, sich zu fügen und sich von eigenen Bedürfnissen abzuspalten, ist auf lange Sicht weder für den Einzelnen noch für das Paarsein hilfreich. Fakt ist, dass überdehnte Grenzen wütend machen.

Oftmals delegieren Menschen diese Wut nach außen und sind wütend auf ihr Gegenüber. Doch in Wirklichkeit ist es eine hilflose und manchmal auch alte Wut, die sie auf sich selbst haben und darauf, dass ihre eigenen Grenzen immer wieder übertreten werden. Alt deshalb, weil sie vermutlich bereits früher Erfahrungen gemacht haben, in denen ihre Grenzen ignoriert wurden. Wenn Menschen feststellen, dass sie als Erwachsene eigene Grenzen überdehnen, kann sie das schmerzen und traurig machen. Dann ist es wichtig, dass sie sich selbst Trost spenden und viel Großzügigkeit, Fürsorge und Verständnis entgegenbringen. Auch kann es ihnen guttun, wenn sie sich bewusst daran erinnern, dass Gott sie tröstet und versorgt.

Es gibt aber auch Menschen, die ihre Wut verneinen oder sich von ihr abspalten. Oft ist die Wut dann im seelischen Innenraum konserviert und schlummert so lange im Winterschlaf, bis der Staudamm irgendwann bricht und sich Wut und Groll in ihrer unbändigen Kraft ankündigen. All das kann sich auch in passiver Form zum Beispiel durch verachtende Kommentare oder durch permanente kleine Spitzen entladen. Wenn Menschen ihre Liebe zu ihrem Gegenüber als etwas Grenzenloses, völlig Aufopferndes betrachten, kann es sein, dass sie sich selbst verlieren und aufhören, sich wahrzunehmen.

Ein Grund dafür, warum es Menschen in Paarbeziehung oder zwischenmenschlichen Beziehungen schwerfallen kann, Grenzen zu ziehen, ist der Wunsch, anderen zu helfen oder sie zu versorgen. Das Gefühl, die Kümmerin oder der Kümmerer zu sein, kann aber auch einen hohen Nutzen haben. Denn wer übermäßig viel hilft und dabei grenzenlos ist, der erlebt oftmals auch ein Gefühl von Kontrolle und Macht. Dies gilt es zu hinterfragen: Helfe ich in einem gesunden Maße oder ist es ein überwertiges Helfen, mit dem ich mir insgeheim etwas anderes erfülle?

So oder so: Kein Mensch vernachlässigt eigene Grenzen, um sich selbst oder anderen berechnend oder absichtlich Schaden zuzufügen. Das Gegenteil ist oft der Fall. Deshalb lohnt es sich, wenn man sich sich selbst behutsam zuwendet und die eigene innerer Not anschaut und nachspürt, was einen heute davon abhält, Grenzen zu setzen.

Was in all der Grenzenlosigkeit deutlich wird, ist, dass immer mehr Ehen irgendwann mit einer endgültigen, absoluten Grenze enden: der Scheidung. Ich würde behaupten, dass diese starke Grenze oftmals das Resultat vieler fehlender kleiner, feiner und gesunder Grenzen ist.

Stellt euch eure innere Verbindung miteinander wie ein durchsichtiges Gummiband vor, das sich weit auseinanderziehen lässt, um sich danach wieder zusammenzuziehen. So ein Gummiband ist beweglich und flexibel. Genau das, was Paare brauchen: kein starres Paarleben, sondern ein in Bewegung bleibendes Miteinander. Doch wenn das Band immer wieder zu sehr gedehnt wird und immer wieder eigene Bedürfnisse vernachlässigt werden, dann wird das Band irgendwann dünn. Das Band der Verbindung verliert an Festigkeit und Stabilität. Darüber hinaus leiert es womöglich irgendwann aus und zieht sich nicht mehr ausreichend zusammen. Sinnbildlich meine ich damit die Nähe des Paares zueinander und die Stärke seines Paar-Fundamentes. Sie kann abhandenkommen, das Fundament kann porös werden, wenn Grenzen ständig überschritten werden. Es wird zwar eine Weile dauern, da das Band vielleicht noch elastisch ist. Das ist eine Zeit der inneren Toleranz. Doch bei ständiger Überdehnung kann das dünne Band irgendwann einreißen. Um das zu verhindern, braucht es die guten Grenzen.

JETZT SEID IHR DRAN

Hier seht ihr drei Bereiche. Nehmt euch Zeit und denkt, zunächst jeder für sich, über folgende Fragen nach. Tauscht euch anschließend darüber aus.

Meine Bereiche | Unsere Paarbereiche | Meine Bereiche

- In welchen Bereichen braucht ihr jeweils Zeit für euch?
- In welchen Bereichen wünscht ihr euch eigene Entscheidungsfreiheit und Zeit, euch in eurer Selbstwirksamkeit zu erleben?
- Was sind eure gemeinsamen Paarbereiche?
- Wo trefft ihr Entscheidungen zusammen?

Individuelle Grenzen in Beziehungen

Die Tatsache, dass Menschen es immer wieder erleben, dass andere ihre Grenzen überschreiten, hat zum einen etwas mit dem System zu tun, das sie umgibt, zusätzlich aber auch damit, dass es ihnen nicht immer leichtfällt, eigene Bedürfnisse wahrzunehmen und zu versorgen. Wenn wir gut für uns sorgen, unsere emotionalen und körperlichen Bedürfnisse klar erkennen und Strategien anwenden, um diese eigenverantwortlich zu erfüllen, sind wir uns selbst nah.

Sind wir dazu in der Lage, können wir es auch viel besser aushalten, dass unsere Mitmenschen ebenfalls Grenzen haben. Wir müssen diese nicht überschreiten, da wir von ihnen gar nicht erst erwarten, dass sie unsere Sehnsucht nach Liebe, Anerkennung, Selbstwert und emotionaler Versorgung stillen.

Einige wirklich schmerzliche Gründe, warum es für Erwachsene herausfordernd sein kann, Grenzen zu setzen, findet ihr hier:

- Grenzen setzen im Erwachsenenalter ist vor allem dann schwer, wenn Menschen als Kinder und Jugendliche erlebt haben, dass Eltern oder andere Bezugspersonen ihnen in der Folge Liebe und emotionale Versorgung verweigerten und sie so bestraften.
- Grenzen setzen im Erwachsenenalter ist vor allem dann schwer, wenn Menschen als Kinder und Jugendliche erlebt haben, dass ihre Eltern gegenüber ihrem Ehepartner bzw. ihrer Ehepartnerin, ihren eigenen Eltern, ihren Freundinnen und Freunden, ihrem Job, ihrem Verein oder ihrer Kirche keine Grenzen gesetzt haben.
- Grenzen setzen im Erwachsenenalter ist vor allem dann schwer, wenn Menschen als Kinder und Jugendliche erlebt haben, dass Grenzenlosigkeit mit Liebe verwechselt wurde.
- Grenzen setzen im Erwachsenenalter ist vor allem dann schwer, wenn Menschen als Kinder und Jugendliche erlebt haben, dass man ihnen vorwarf, die Familienehre zu leugnen, wenn sie Grenzen gesetzt haben. Die Folge war Scham.
- Grenzen setzen im Erwachsenenalter ist vor allem dann schwer, wenn Menschen als Kinder und Jugendliche erlebt haben, dass ihre Grenzen von Eltern oder anderen Personen, von denen sie abhängig waren, massiv überschritten wurden.

Vielleicht findest du dich in einem dieser Punkte wieder. Erwachsene, die vor allem für die Bedürfnisversorgung der eigenen Eltern zuständig waren, laufen Gefahr, diese Muster in ihre Ehen zu übernehmen. Sie sind darauf programmiert, entweder die Bedürfnisse der Ehepartnerin bzw. des Ehepartners durchgehend zu erfüllen oder von ihm bzw. ihr die Versorgung der eigenen Bedürfnisse zu erwarten, da sie dies in ihrer Kindheit nicht erlebt haben. Wenn die Bedürfnisversorgung seitens der Kinder überhandgenommen hat, spricht man auch von Parentifizierung.[8] Hier verschwimmen Generationsgrenzen und das Kind wird zum Elternteil, übernimmt elterliche Aufgaben und die Eltern-Kind-Rollen werden vertauscht. Die verschiedenen Familienebenen überlappen sich dabei und werden regelrecht diffus. Das wiederum kann verheerende Folgen nach sich ziehen. Auf der einen Seite kann es dazu führen, dass der Partner bzw. die Partnerin ständig Liebesbeweise einfordert, den anderen einengt und klammert. Es kann aber auch passieren, dass der Partner bzw. die Partnerin das Gegenüber überversorgt und stark damit beschäftigt ist, immer wieder die Beziehung herzustellen, indem er oder sie versucht, alle Situationen zu retten, und sehr feinfühlig wahrnimmt, ob die Bindung noch stabil und zugänglich ist. Ständig für andere im Kreis zu springen, sich zu verausgaben und sich gebraucht zu fühlen kann aber auch einen scheinbaren Nutzen haben, denn so lenkt man sich ab und betäubt die eigene Trauer darüber, dass die eigenen Bedürfnisse in der Kindheit nicht erfüllt wurden. Vielleicht setzen genau diese Informationen bei einem von euch oder sogar bei euch beiden ein Gedankenkarussell in Gang. Plötzlich kommen alte Erinnerungen hoch, die beispielsweise Wut über eine geraubte Kindheit auslösen können. Wichtig ist: Bitte bleibt nicht allein in diesem Prozess und holt euch Unterstützung – allein oder auch als Paar.

Noch mal: In erster Linie geht es also darum, euch eurer eigenen Bedürfnisse überhaupt bewusst zu werden und darauf zu achten, dass ihr das, was ihr zum Leben wirklich braucht, auch bekommt. Und das gilt für jeden Einzelnen von euch, denn nur so könnt ihr als Paar eine gesunde Gemeinschaft erleben. Das hat nichts mit Egoismus zu tun, ganz im Gegenteil. Ihr tut damit nicht nur euch als Einzelpersonen, sondern auch allen anderen einen Gefallen. Ihr übernehmt Verantwortung für eure innere Versorgung und wälzt sie nicht auf andere ab.

Das beinhaltet auch, Grenzen setzen zu lernen, und zwar die, die nötig sind, damit ihr nicht ständig von den Aufgaben, die an euch herangetragen werden, überflutet werdet. Wir haben alle nur ein bestimmtes inneres Kontingent an emotionaler Erreichbarkeit und Empathie. Das Maß ist bei jedem Menschen anders. Dieses sollte nach Möglichkeit von der Geschäftigkeit, die wir in unser Leben legen, nicht überlagert werden. Sonst bekommt unser Gegenüber immer nur die übrig gebliebenen Kekskrümel von unserem Kontingent. Was von außen auf uns einstürzt, können wir nicht beeinflussen, aber unser Empathiekontingent können wir, so gut es eben geht, schützen. Für eure Paarbeziehung könnte das bedeuten, dass ihr im Blick habt, wie viel Ehrenamt für euch zumutbar ist, mit welchen Menschen für euch der Kontakt wohltuend ist oder wie euer Berufsleben so gestaltet werden kann, dass ihr euer inneres Kontingent an Einsatz, Verantwortungsübernahme und Liebe nicht verpulvert.

Grenzen für eure Ehe

Ihr zwei seid bereits eine Familie. Gott hat sich zu euch gestellt und sein Ja zu eurem Bund gegeben. Mit Kindern oder ohne – das erhöht oder verringert euren Familienstatus nicht. Mich fasziniert der Vers aus der Schöpfungsgeschichte, in dem es heißt: »Darum verlässt ein Mann seine Eltern und verbindet sich so eng mit seiner Frau, dass die beiden eins sind mit Leib und Seele« (1. Mose 2,24). Diese enge Bindung zwischen Mann und Frau scheint nur unter der Voraussetzung möglich zu sein, dass vorher ein Verlassen stattgefunden hat. Scheinbar beauftragt Gott uns, eine Grenze zu ziehen. Es braucht als Paar eine Grenze nach außen zum Schutz der eigenen Ehe. Das Verlassen und Loslassen unserer elterlichen Beziehung kann herausfordernd sein. In therapeutischen Prozessen wird auch zu Recht vom Ablösekonflikt gesprochen, da dieser Prozess mit viel innerer Ambivalenz und inneren Konflikten einhergehen kann.

Fakt ist: Die Grenze nach außen zu kommunizieren und einzufordern, kostet viel Kraft. Immer wieder stelle ich in Gesprächen fest, dass es Risse in Paarbeziehungen gibt. Vielleicht wünscht sich der Partner den Umgang mit der Schwiegerfamilie anders als die Partnerin, oder die Eltern bzw. Schwiegereltern dringen regelrecht in die Beziehung ein. Das kann ganz unterschiedliche Ausmaße annehmen: Da wollen die Eltern bzw. Schwiegereltern entscheiden, was auf der Hochzeit gegessen oder angezogen oder gar wer eingeladen wird. Andere beauftragen ihre erwachsenen Kinder, sich weiterhin bei Familienmitgliedern zu melden oder diese zu versorgen, ohne die Ressourcen der Kinder zu beachten. Wiederum andere mischen sich in finanzielle Entscheidungen, Wohnorte, Einrichtung oder andere Anschaffungen ein. Ein großer Konfliktauslöser kann das Thema Erziehung sein. Das kann von Ernährung über Spielzeugkonsum bis hin zu Kleidung reichen oder gar den Umgang mit den Gefühlsstürmen der Kinder oder die Entscheidung, auf welche Schule das Kind gehen soll, betreffen. Viele Eltern bzw. Schwiegereltern verstehen nicht, dass ein Lebensabschnitt zu Ende gegangen ist, dass sie nicht mehr erziehen und großziehen. Jetzt ist es an der Zeit, dass die neue Generation ihr Leben in Freiheit gestalten darf.

Die Druckmittel können dabei unterschiedlich aussehen. Unter Umständen nutzen sie Geld als Druckmittel oder lassen das Paar oder das eigene Kind durch Liebesentzug am langen Arm verhungern. Vor allem dann, wenn einer der Ehepartner sich noch nicht emotional von den eigenen Eltern gelöst hat, kann es besonders spannungsreich sein. Gerade in Familien, in denen die Eltern ihre Kinder in Abhängigkeit von sich erzogen und nicht ermutigt haben, ein frei gestaltetes Leben zu führen, ist der Leidensdruck besonders stark. Hier wird ein inneres Leistungsprogramm weitergeführt: den Eltern gefallen und ihre Erwartungen erfüllen. Das endet vor allem dann im Konflikt, wenn der Ehepartner oder die Ehepartnerin mitziehen muss und so ebenfalls in das Abhängigkeitsverhältnis gerät.

Hier ist es wichtig, die eigene Ehe zu schützen. Der erste und wichtigste Auftrag als verheiratete Person ist, Verantwortung für die eigene Ehe zu übernehmen, damit diese gesund bleibt. Stellt euch eure Ehe wie ein Haus vor, ihr dürft hier frei entscheiden: Wer darf durch die Tür treten? Und wer nicht? Ihr seid frei, zu entscheiden. Räumt auf mit dem schlechten Gewissen. Wen lasst ihr rein? Wer darf sich an euren Tisch setzen? Wer darf nur durchs Fenster schauen? In unserem ersten Ehejahr entschieden mein Mann und ich beispielsweise, dass wir nicht jeden Gast auch über Nacht beherbergen würden. Diese Abgrenzung hat uns gutgetan. Sie half uns, zu entscheiden, wie viel Raum wir gewähren wollen und wie viel eben nicht.

Gleichzeitig möchte ich euch zusprechen: Wenn ihr Grenzen kommuniziert habt und immer wieder erlebt, dass sie überschritten werden, dann ist das alarmierend. Ich finde es empörend, welchen Kampf viele Paare ausfechten müssen. Oftmals müssen sie sich immer und immer wieder für ihre Grenzen rechtfertigen, oftmals bis hin zur Erschöpfung. Indem wir aber Grenzen ziehen, zeigen wir, welche Form der Nähe für uns zuträglich ist. Wenn wir diese immer wieder verbalisieren müssen, weil andere sie nicht respektieren, dann geraten wir in die Rolle einer erziehenden Person, und das kann sehr kräftezehrend sein. Ich ermutige Paare immer sehr, das nicht mit sich machen zu lassen und ohne schlechtes Gewissen eigene Klarheit zu finden und diese zu kommunizieren.

Hinzu kommt: Für jeden ist die eigene Schwiegerfamilie erst mal ein fremder Kosmos: Was kommt sonntags auf den Tisch, welche Gewohnheiten gibt es an Festtagen, aber auch mitten im Alltag? Wie redet oder schweigt man miteinander, welchen Stellenwert hat Arbeit, wie viel und wo arbeiten die einzelnen Familienmitglieder? Wie sieht Entspannung aus: im Campingwagen oder am Strand, im Hotel oder beim Wandern? Wie ist der Umgang mit Geld, welchen Stellenwert haben Geschenke? Wie wird Gastfreundschaft gelebt?

All das sowie alle ungeschriebenen Gewohnheiten, Werte und Regeln sind eine fremde Welt, eine andere Kultur, die man als neues Familienmitglied erst mal erkunden muss. Manchmal ist es ganz einfach und man fühlt sich sofort wohl oder findet eine Atmosphäre vor, die einem in der eigenen Familie gefehlt hat. Manchmal ist es aber auch eine Menge Arbeit. Dabei muss man stetig abwägen: Wo passe ich mich an? Wo grenze ich mich ab? Wo und wie bringe ich mich ein? Und wird das zugelassen?

JETZT SEID IHR DRAN

- Welche Grenzen braucht eure Ehe?
- Welche Menschen treten ungefragt durch eure Tür?
- An welchen Stellen könntet ihr eure Ehe durch das gute Einteilen zeitlicher Prioritäten schützen?
- Gibt es Bereiche, in denen ihr geografischen Abstand von bestimmten Menschen benötigt? Wenn ja, welche sind das?

Übungsfeld: Wer darf in euren Kreis?

Ich möchte euch noch zu einer Übung einladen. Sie soll euch dabei helfen, euch innerlich abzugrenzen und klar zu visualisieren, welche Menschen ihr wie weit in euer Leben und wie nah an euer Herz lassen wollt. Notiert zunächst, jeder für sich, auf einem Blatt Papier oder in eurem jeweiligen Notizbuch alle Namen der Personen, mit denen ihr in eurem Leben Kontakt habt.

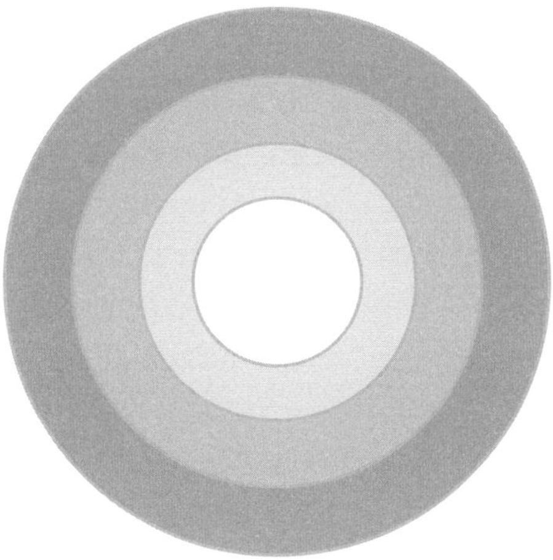

Jetzt nehmt ihr euch gemeinsam den Kreis vor. Vielleicht kopiert ihr ihn euch, damit ihr die Übung regelmäßig wiederholen könnt. Tragt nun in die Mitte des Kreises eure Namen ein. Verteilt anschließend die von euch zuvor aufgelisteten Namen der verschiedenen Personen und kommt miteinander darüber ins Gespräch, wie nah und eng ihr mit welchen Personen seid. Vielleicht stellt ihr fest, dass euch manche Menschen besonders guttun. Kreist diese Personen ein und nehmt euch vor, mehr Zeit mit ihnen zu verbringen. Eventuell stellt ihr aber auch fest, dass euch einige Menschen, bei denen euch das nicht unbedingt lieb ist, zu nah sind. Kommt auch darüber ins Gespräch, wie ihr diese Interaktionen zukünftig handhaben wollt. Womöglich stellt ihr auch fest, dass es Personen gibt, die einem von euch guttun, dem anderen aber nicht. Dann ist jetzt die Gelegenheit, auch darüber zu sprechen und nach Lösungen und Möglichkeiten zu suchen.

Vom Elternschmerz und von ehrenden Herzen

Eltern reagieren unterschiedlich, wenn Kinder ihr eigenes Leben gestalten. Einige Eltern sind gut aufgestellt, haben eine stabile Beziehung und ein gutes soziales Stützsystem und begreifen sich selbst nicht in Abhängigkeit von ihren Kindern. Sie können die durchgeschnittene Nabelschnur annehmen und aushalten. Anderen Eltern fällt es schwerer. Vor allem dann, wenn die Rollen in der Familie vertauscht waren. In der Folge haben diese Eltern (oder ein Elternteil) zu viel Kontrolle ausgeübt oder das eigene Kind für die emotionale Versorgung gebraucht. Ein solches Verhalten kann nun bis in die Gegenwart und damit in die Paarbeziehung des Kindes hineinreichen. Natürlich darf diesen Eltern der Schmerz zugestanden werden. Sie dürfen weinen. Sie dürfen trauern. Sie dürfen Raum erhalten, Abschied zu nehmen. Es steht ihnen zu. Sie dürfen zerrissen sein. Als Kinder, die nun in einer Paarbeziehung leben, dürfen und sollten wir sie lassen, denn sie sind dabei loszulassen.

Für einige Eltern bedeutet die Ehe ihrer Kinder nicht nur Schmerz, sondern auch ein Kontrollverlust. Sie fürchten um ihre Bedeutung und ihren Status. Bevor sie ihre Kinder gehen lassen, suchen Eltern oft noch einmal tiefe Nähe. Dieses Verlangen kann sich bei den Kindern sehr beengend anfühlen. Das Loslassen ist eine Entwicklungsaufgabe, die einige Eltern unbekümmerter und andere nur sehr schwer bewältigen.

Sosehr wir uns danach sehnen, in neue Rollen hineinzuwachsen, dürfen wir nicht vergessen, dass die Nabelschnur mit unserer Eheschließung oder der Geburt eines Kindes erneut durchgeschnitten wird. Nicht nur wir übernehmen neue Rollen wie Ehefrau, Ehemann, Mutter oder Vater, auch unsere Eltern werden, ob sie bereit sind oder nicht, mit einem Mal Schwiegereltern oder Großeltern. Sie entscheiden nicht, wann sie diese Rollen übernehmen, sondern sie kommen einfach auf sie zu.

In vielen Familien wird vor allem dann, wenn erwachsene Kinder heiraten, ein tückischer Mechanismus deutlich. Er erinnert an eine suggerierte und falsch verstandene offene Rechnung: die Schuld, lieben zu müssen. Diese Schuld setzt unter Druck und macht schier ohnmächtig. Nichts bindet so stark wie Schuld, nicht mal Liebe. Schuld ist der Stoff, aus dem nicht selten gestörte Bindungen geflochten sind. Das Erwachsensein ist oft geprägt davon, durch brave Leistungen zugeschobene Schuldgefühle zu tilgen und sie innerlich erträglicher zu machen: »Ich muss mindestens ein Mal die Woche anrufen.« »Ich muss so und so oft meine Eltern besuchen.« »Ich muss doch …« Wie können Menschen frei von Schuld werden? Es gibt kein »Ich muss«. In Wahrheit gibt es nur ein »Ich darf« oder »Ich will«. Das eröffnet eine neue Perspektive und kann ein erster Schritt innerer Entlastung und Abgrenzung bedeuten.

Was nicht ungesagt bleiben soll, sondern vielmehr gefeiert werden muss: Es gibt auch viele gesunde Eltern-Kind-Beziehungen, in denen erwachsene Kinder Freude daran haben, ihre Eltern anzurufen, nach Rat zu fragen, Feiertage gemeinsam zu verbringen, sich gerne, wenn Nachwuchs kommt, versorgen lassen, sich freuen, wenn die Eltern sich als Oma und Opa einbringen. Es gibt sie, die

Beziehungen, in denen die erwachsenen Kinder Halt und Trost bei ihren Eltern oder primären Bezugspersonen finden.

Für alle, die nicht in einem heilsamen Umfeld groß geworden sind, auf das sie mit Dankbarkeit zurückblicken können, sind die folgenden Zeilen. Das bedeutet aber auch, dass die nächsten Zeilen nicht unbedingt euch beide betreffen müssen. Es kann sein, dass nur einer von euch sich wiederfindet. Dennoch können sie euch helfen, euch besser zu verstehen. Natürlich kann es auch sein, dass ihr euch beide komplett wiederfindet, dann sind diese Zeilen hoffentlich entlastend für euch.

Ein wichtiger Aspekt ist, zwischen echter Schuld und suggerierter Schuld zu unterscheiden. Unter echter Schuld versteht man Straftaten wie Diebstähle, für die Menschen vor Gericht kommen. Echte Schuld kann aber auch bedeuten, dass jemand einer anderen Person bewusst Schmerz zufügt, beispielsweise indem er eine Grenze übertritt oder eine niederträchtige Aussage macht. Natürlich können auch eigenständige Entscheidungen von Kindern bei Eltern Schmerz auslösen, aber Kinder machen sich dabei nicht schuldig. Es ist keine Gleichung: Schmerz = Schuld. Sich für einen anderen Glauben zu entscheiden, ins Ausland zu ziehen oder sich emotional zurückzuziehen, ist kein Verbrechen. Allerdings können sich diese Dinge für die Betroffenen je nach Familiendynamiken wie Schwerstverbrechen anfühlen. Diese diffus zugeschriebene Schuld entspringt vielmehr einem familiären Schuldklima. In einer solchen Atmosphäre haben die Betroffenen über Jahre hinweg nicht nur Schuld geschnuppert und eingeatmet, sondern vielmehr inhaliert und mit jeder Faser ihres Seins verstoffwechselt.

Kurz gefasst: Wir sind unseren Eltern nichts schuldig. Doch was ist mit dem Satz, bei dem in uns all die Alarmglocken unserer christlichen Sozialisation läuten: Müssen wir unsere Eltern nicht ehren? Ist das nicht ein biblisches Gebot? Was ist denn mit 5. Mose

5,16a: »Ehre deinen Vater und deine Mutter!«? Dann können wir doch nicht den Kontakt unterlassen oder einschränken.

Aber: Eltern dürfen sich den Kontakt verdienen. Ja, das ist so. Das klingt hart, aber es ist viel Wahres daran. Viele Eltern reagieren mit völliger Fassungslosigkeit und verkennen dabei die verworrene Beziehung. Sie haben nicht den Mut, einen Blick in die Zeit der Schwangerschaft, in die ersten Jahre des Kindes zu werfen und sich anzuschauen, wie sie die Beziehung gestaltet haben.

Vielleicht fragt ihr euch jetzt, wie man seine Eltern denn nun trotzdem ehren kann. Im biblischen Kontext lebten die Menschen schließlich noch in Mehrgenerationenhaushalten, die in einer ökonomischen Versorgungsabhängigkeit zueinander standen. Im Alter wurden Eltern oft mitversorgt. Wie können wir das Thema Ehren aber auf heute übertragen? Fakt ist: Eltern bleiben Eltern. Kinder bleiben Kinder. Eltern erfüllen bereits ihr Elterndasein, indem sie in den Gedanken und Erinnerungsspuren existieren. Sie sind niemals völlig abgetrennt vom Leben ihrer Kinder.

Das heißt: Unsere Grenzen sind nicht nur für uns selbst. Sie sind auch für die, die wir ehren wollen. Ich glaube, dass das Ehren tief in unserem Herzen beginnt. Unser Herz und unsere Gedankenwelt sind unser wichtigstes Hab und Gut. Gott vertraut sie uns an und gibt uns liebevoll den Hinweis, sie zu beschützen. Dieser Schutz benötigt eine starke Membran.

Ich spüre oft: Ich brauche Grenzen nicht nur um meiner selbst willen, sondern auch um der anderen willen. Familienmitglieder, Bekannte und Menschen in unserem Umfeld zu ehren, geschieht nicht nur durch Taten und gemeinsam verbrachte Zeit oder durch bestimmte Verhaltensweisen. Das sind äußere Zeichen. Viel essenzieller ist, was sich tief in uns abspielt. Unsere Gedanken sind das, was andere ehrt. Wenn wir genügend Abstand haben, haben wir die Möglichkeit, den Mangel derer zu sehen, die bei uns Mangel verursacht haben. Dann können wir mitfühlen, ihre Wunden sehen und ihre Bemühungen, die im Rahmen ihrer Möglichkeit standen, ebenfalls anerkennen.

In verschiedenen Ländern wird Ehre und Respekt unterschiedlich ausgedrückt. Das schreibe ich als Frau und gleichzeitig als Tochter zweier Kulturen: der deutschen und albanischen. Bei meinen Versuchen, in beiden Kulturen zu funktionieren, habe ich mich oftmals überdehnt und regelrecht einen Spagat machen müssen. Je nach Ort und Veranstaltung, je nach Person und Status habe ich mich immer wieder jeweils auf der falschen Seite zu weit aus dem Fenster gelehnt. Ich bin in Deutschland geboren und sozialisiert und zugleich Kind zweier Eltern, die in einem anderen Land gelernt haben, wie man Beziehungen lebt. Das ist für mich bis heute eine Herausforderung. Immer wieder stoße ich an Grenzen. Meine Herzlichkeit war eine Nummer zu viel in Deutschland. Meine mündige Art, mich auszudrücken, eine Nummer zu stark, ja fast schon zu kühl und erst recht nicht feminin genug für meine albanische Familie. Habe ich als Teenager noch oftmals im Affekt gehandelt, ohne wirklich benennen zu können, wie mir zumute war, so bewege ich mich heute auf sicherem Territorium und kann die Ambivalenz des Dazwischenseins aushalten, indem ich hilfreiche Grenzen ziehe. Nun balanciere ich nicht mehr auf einem dünnen Seil und suche Hände, die mich vorm nächsten ungewissen Schritt rechts oder links halten könnten. Dieser Drahtseilakt ist vorbei. Unter meinen Füßen ist ein weicher und zugleich undurchlässiger Grund. Die Membran meines Herzens ist stark und doch elastisch. Sie ist beweglich. Genau das brauchen wir: Herzen, die sich bewegen lassen und dennoch in sich stark sind.

Gott stellt euch als Paar auf weiten Raum und diesen Raum könnt ihr mit ihm als Paar – mit und ohne Kinder – einnehmen.

Besonders harte Grenzen

Immer wieder stelle ich fest, wie viele Menschen mit emotionalen Übergriffen in ihren Herkunftsfamilien umgehen müssen. Erst nach und nach begreifen sie im Rahmen einer Begleitung, dass es schier unmöglich ist, ihren Familien Grenzen zu setzen: Sie können die anderen nicht erziehen, sondern nur sich selbst schützen. Das passiert Schritt für Schritt, und oft klopft das schlechte Gewissen an. Vor allem dann, wenn es um Eltern oder nahe Angehörige geht. Ratsuchende befürchten, dass das Kommunizieren ihrer Grenzen nach außen hart und unterkühlt wirken könnte. Sie haben verständlicherweise Angst vor Konsequenzen und vor einem Beziehungsverlust. Kein Mensch kann durch Grenzen seine Familie oder seine Eltern verlieren. Sicher, die Beziehung und der Kontakt können sich verändern. Dennoch bleibt eine Familie immer eine Familie, allein durch die Rolle und die Erinnerungen und Gedanken behält sie einen emotionalen Platz.

Die Frage ist vielmehr, wie sich das innere Verhältnis zur eigenen Herkunftsfamilie formt und wie es bewertet wird.

Was ich bei vielen Ratsuchenden dabei beobachte, ist Folgendes: Während einer Distanz im Außen bildet sich eine heilsame Leerstelle im Innern. Eine Leerstelle, die sich zur Quelle der Ehre verwandeln kann. Gute und liebevolle Gedanken bekommen Raum. Sie können sich neu ausrichten und aufrichtiger und freier als durch Taten und äußere Zeichen andere wertschätzen und ehren. Das Herz wird durch Grenzen erst frei. Innerhalb der Grenzen, die Ratsuchende sich selbst setzen, schaffen sie einen unsichtbaren Mehrwert auch für die, die nichts davon wissen. Kämpfe dürfen mit dem Gebot »Ehre deinen Vater und deine Mutter!« enden. Menschen dürfen sich davon befreien und auch Eltern und der Herkunftsfamilie Grenzen setzen. Denn Ehre wurzelt im Herzen und muss nicht in einem inneren Leistungsprogramm in Form von Kontakten und emotionalen Bemühungen fortgeführt werden, wenn es in Wirklichkeit einen zu hohen inneren Preis verlangt.

JETZT SEID IHR DRAN

- Gibt es Bereiche, in denen eure Eltern bzw. Schwiegereltern versuchen, ungesunde Kontrolle über euch auszuüben? Wenn ja, welche sind das?
- Welchen Schmerz und welche Gefühle erleben eure Eltern womöglich?
- Gab es in eurer Herkunftsfamilie sicher gelebte Grenzen, auf die geachtet wurde und die euch gutgetan haben? Wenn ja, welche Grenzen waren das?

Begrenzung

In den letzten Abschnitten habe ich jetzt viel dazu geschrieben, wie wichtig es ist, Grenzen zu setzen und eigene Grenzen wahrzunehmen. Menschen erfahren auf ihrer Lebensreise aber auch Begrenzungen von außen, die ungerechtfertigt sind.

Bei Ratsuchenden erlebe ich immer wieder die unterschiedlichsten Begrenzungen: Einer sehr jungen hochintelligenten Ratsuchenden, die heute studiert, wurde zum Beispiel das Abitur im Elternhaus verwehrt. Ihre Rolle wäre es doch ohnehin, Mutter zu werden und nicht zu arbeiten. Anderen wurde vorgeschrieben, wie sie sich zu kleiden oder zu bewegen hätten. Eine ältere Dame durfte in ihrer religiösen Gemeinschaft nicht tanzen, keinen Lippenpflegestift benutzen, ja nicht mal eine Hose anziehen oder ein wenig

Lidschatten auftragen. Als Erwachsene musste sie neu lernen, ihren Körper intuitiv zur Musik zu bewegen, und neu erkunden, welche Kleidung ihr gefällt. Eine andere Ratsuchende wurde von ihren Eltern über Jahre hinweg mit Liebesentzug bestraft, wenn sie Zeit mit ihrem Partner verbrachte. All das können Begrenzungen im Außen sein, die unfrei machen, die einschränken und die Menschen davon abhalten können, das Leben zu ergreifen, für das sie geschaffen sind.

Auch ich habe die Erfahrung einer solchen Begrenzung erlebt. Ich fühlte mich begrenzt und war die Gefangene meiner eigenen Einsamkeit als Kind. Als ich acht Jahre alt war, spitzten sich die Ehekonflikte meiner Eltern so zu, dass meine Mutter und ich in ein Frauenhaus, eine Unterkunft für Frauen und Kinder, die schutzbedürftig sind, flüchteten. Durch den Stadtwechsel und der lediglich vorübergehenden Bleibe in dem Frauenhaus war ich zunächst für vierzig Tage in einer neuen Klasse und wechselte kurz danach noch mal die Klasse. Meine Mutter holte uns wie ein Wirbelwind in maximaler Geschwindigkeit aus dem Frauenhaus heraus. Das war sehr wichtig zu dem Zeitpunkt, da es vielen Frauen schwerfiel, den Absprung in die Eigenständigkeit zu schaffen. Wenn ich an diese Zeit zurückdenke, an den Mut meiner Mutter und an all die Kraft, die sie hatte, verschlägt es mir bis heute den Atem, und mir kommen die Tränen. Dank ihr haben wir es geschafft und hatten schnell ein neues Zuhause.

In meinen beiden neuen Schulen wusste niemand außer den Lehrkräften, wo ich wohnte. Anscheinend sollte all das geheim bleiben. Es blieb im Dunkeln, gehörte nicht ans Licht. Ein unsichtbarer Besucher schlich in mein Herz und grub sich eine tiefe Höhle. Scham besuchte mich. Scham ist tückisch und sorgt dafür, dass wir uns verstecken. Nicht selten ist Scham selbst ein schwer zugängliches Gefühl. Ein Gefühl, für das es oft wenig Worte gibt. Scham treibt uns nicht nur in ein inneres Versteck. Scham versteckt sich auch gleichzeitig in uns, um nicht entlarvt zu werden. Irgendwie gehörte das nicht ausgesprochen. Es gehörte nicht erzählt. Ich kann mich tatsächlich nicht konkret erinnern, ob meine Mutter es mir verboten hatte oder ob es auch eigene Anteile in mir gab, die es mir untersagt haben. Darum geht es auch nicht. Es geht nicht um Schuld. Es geht darum, dass die Atmosphäre, die Stimmung, das Unbewusste mir subtil suggerierten, dass es geheim war.

Es war ein Familiengeheimnis und das war Konsens. Der Eindruck, im Außen etwas bedeckt halten und Informationen zurückhalten zu müssen, gab mir das Gefühl, ein Stück weit lügen zu müssen. Nicht die Wahrheit sagen zu dürfen, wer ich war und wo ich herkam. Es bedeutete für mein achtjähriges Ich, das, was mich auf meiner bisher kleinen Lebensreise ausmachte, verbergen zu müssen. Mein Befreiungsschlag brauchte Zeit, erforderte Mut und suchte sichere Räume. Mit zwölf vertraute ich mich einer Freundin an und schaffte es endlich nach vier Jahren, darüber zu sprechen, wo ich gewohnt und was ich dort erlebt hatte. Doch es hatte immer etwas von »Ich erzähle dir ein Geheimnis« und niemand sonst sollte es bitte erfahren. Heute schäme ich mich nicht, sondern erkenne die Not an. Heute halte ich nicht zurück, sondern berichte von der Wahrheit. Heute fliehe ich nicht vor den Fantasien der anderen, sondern halte sie aus. Heute wende ich mich nicht von meinen Erlebnissen ab, sondern wende mich ihnen behutsam zu. Das war meine ganz persönliche Begrenzung, die ich erlebt habe. Doch das Sprengen und Ausbrechen aus dieser Grenze machte mich frei. Diese Begrenzung zu verlassen, gab mir einen neuen Raum und eine neue Sprache. Indem ich die Begrenzung verließ, wurde ich autark und gab mir die Fäden über meine eigene Lebensgeschichte zurück in die Hand.

Wie ist es bei euch? Sicherlich habt auch ihr schon Erfahrungen mit Begrenzungen gemacht. Kennt ihr Begrenzungen, die euch durch Familienangehörige, Freundinnen und Freunde oder Systeme auferlegt wurden? Begrenzungen, die euch im Inneren gefangen nehmen und festhalten, die euch die Luft zum Atmen rauben und die euch euren inneren Gestaltraum aus der Hand reißen? Ihr zwei dürft ein sicherer Ort füreinander sein. Auch ein Ort, um Begrenzungen heilsam gemeinsam etwas entgegenzusetzen. Tauscht euch über eure Erfahrungen mit euren Begrenzungen aus:

JETZT SEID IHR DRAN

- Welche Begrenzungen kennt ihr?
- Gibt es Menschen oder Systeme, die euch begrenzen oder begrenzt haben? Wenn ja, welche waren oder sind das?
- Welche Begrenzungen haben euch womöglich auch gutgetan?

Nun habt ihr auf vielerlei Weise Grenzen erkundet. Grenzen helfen uns, eine gesunde Form von Nähe zu leben. Sie schützen uns selbst und andere. Grenzen bedeuten Respekt und Wertschätzung. Grenzen schenken Liebe Freiheit und befreien von Druck. Werdet mutig darin, für eure persönlichen Grenzen und eure Grenzen als Paar einzustehen.

Durch Sprache nah, durch Sprache Paar: Das Sprachrepertoire weiten

Liebe braucht keine Worte?

Vermutlich kennt ihr auch diesen Spruch, der besagt, dass Liebe keine Worte braucht. Es klingt so, als wäre Liebe magisch. Doch irgendwie löst der Satz bei mir auch Unbehagen aus. Ich stimme dem so ganz und gar nicht zu. Diese Idealisierung und Romantisierung von Ehe und Liebe wird uns immer und immer wieder suggeriert. Vor allem aber ist eine solche Aussage zu einfach. Wer verspricht uns eigentlich, dass Liebe immer einfach sein soll? Was macht das mit uns, wenn wir immer wieder durch Filme, Zeitschriften, Postkarten in das Narrativ einer Liebe namens Der-andere-kann-meine-Gedanken-lesen geschleust werden? Es macht etwas mit unseren Wünschen und Erwartungen. Es verwandelt sie ein Stück weit zu unerfüllbaren Fantasien. Natürlich kann es mal sein, dass der andere einen Wunsch errät, bevor dieser ausgesprochen wurde. Klar kann es sein, dass man gleichzeitig mal an dasselbe denkt. Wirklich coole, witzige und verbindende Momente sind das. Kleine *magic moments* halt. Keine Frage!

Aber ich würde sagen, das Gegenteil ist der Fall. Liebe benötigt nicht nur ein paar, sondern zahlreiche und vielfältige Worte. Sie braucht impulsive Worte, bedachte Worte, klare Worte, transparente Worte und vor allem genügend Zeit für Worte. Liebe lebt von sich verschenkenden Worten, aber auch von für sich einstehenden Worten. Ich würde sogar so weit gehen und sagen, dass ein Paar nicht überkommunizieren kann. Natürlich können Themen zerredet werden. In manchen Gesprächen, die sich im Kreis drehen, braucht es frische Luft, Pausen und manchmal sogar Unterstützung dabei, den Blickwinkel etwas zu verschieben. Doch ohne Worte kommt Liebe, anders als es uns die Postkarte zuflüstert, nicht weit und erst recht nicht aus.

Forschungsergebnisse aus dem Jahr 1996 haben gezeigt, dass Paare hierzulande im Schnitt zwei Minuten pro Tag miteinander aktiv sprechen.[9] Das ist wirklich ein erschreckendes Ergebnis. Eins ist klar: Kommunikation zu pflegen, passiert also nicht von allein. Wir können uns dafür entscheiden. Unsere Gedanken in Worte kleiden. Unser inneres Erleben großzügig zur Verfügung stellen. Das in Sprache gießen, was uns im Großen und Kleinen bewegt. Wie können wir die Weite und Schönheit einer Ehe greifen? Wie können wir sie erfahren, schmecken und leben, wenn nicht durch Sprache? Gott hat Sprache nicht nur geschaffen. Er hat durch Sprache erschaffen. Durch seine Wortschöpfung entstand Leben. Sprich: Sprache kann Leben schaffen. Dafür hat Gott Sprache erdacht. Sprache schafft auch Leben in unseren Ehen. Da, wo Sprache verwehrt wird, verhungert die Seele. Ein ausgehungertes, emotional verwahrlostes Herz fängt irgendwann an zu resignieren und Mauern hochzuziehen. Ein unversorgtes Herz wird irgendwann von Verachtung heimgesucht und alles Leben erlöscht. Das alles muss nicht passieren, wenn ihr das wirkmächtige Werkzeug der Sprache auspackt, erforscht und euch zu eigen macht.

So wünsche ich mir, dass Paare Ja zu einer gemeinsamen Sprache sagen und diese entwickeln. Ich wünsche mir, dass Paare lernen, ihr emotionales Erleben zu verbalisieren. Ich wünsche mir, dass Paare neu entdecken, dass Reflexion der einzige Weg ist, aus Mustern, die ihnen schaden, auszusteigen. Alles, was Paare dafür brauchen, ist bereits in ihnen vorhanden.

In diesem Kapitel wird es also um eure Paarkommunikation und mögliche Konfliktdynamiken gehen. Ihr werdet viele Impulse rund um Kommunikation finden und ich werde euch ganz viel Material an die Hand geben, mit dem ihr eine für euch hilfreiche Sprachkultur etablieren könnt. Dabei gilt: Ihr schaut und nehmt, was ihr braucht, und lasst alle anderen Zeilen einfach stehen.

Übungsfeld: Standortbestimmung

Ich möchte euch gleich zu Beginn dazu einladen, eine kleine Standortbestimmung vorzunehmen. Es erwartet euch ein echtes Naturspektakel, eine emotionale Landschaftskarte: bunte Wiesen, blühende Blumen, Sonnenschein. Doch auch Nebel, Stürme und Regentropfen werdet ihr vorfinden. Das Bild ist bewusst so durcheinandergemalt. Was ich nicht sagen möchte, ist, dass die Brücke zueinander in den angenervten Matsch führt. Vielmehr möchte diese Karte sagen, dass alles dazugehört und dazugehören darf und einige Zustände auch dichter beieinanderliegen oder schneller wechseln können, als uns manchmal lieb ist.

Manche Paare durchleben einiges davon in einem Jahr, andere

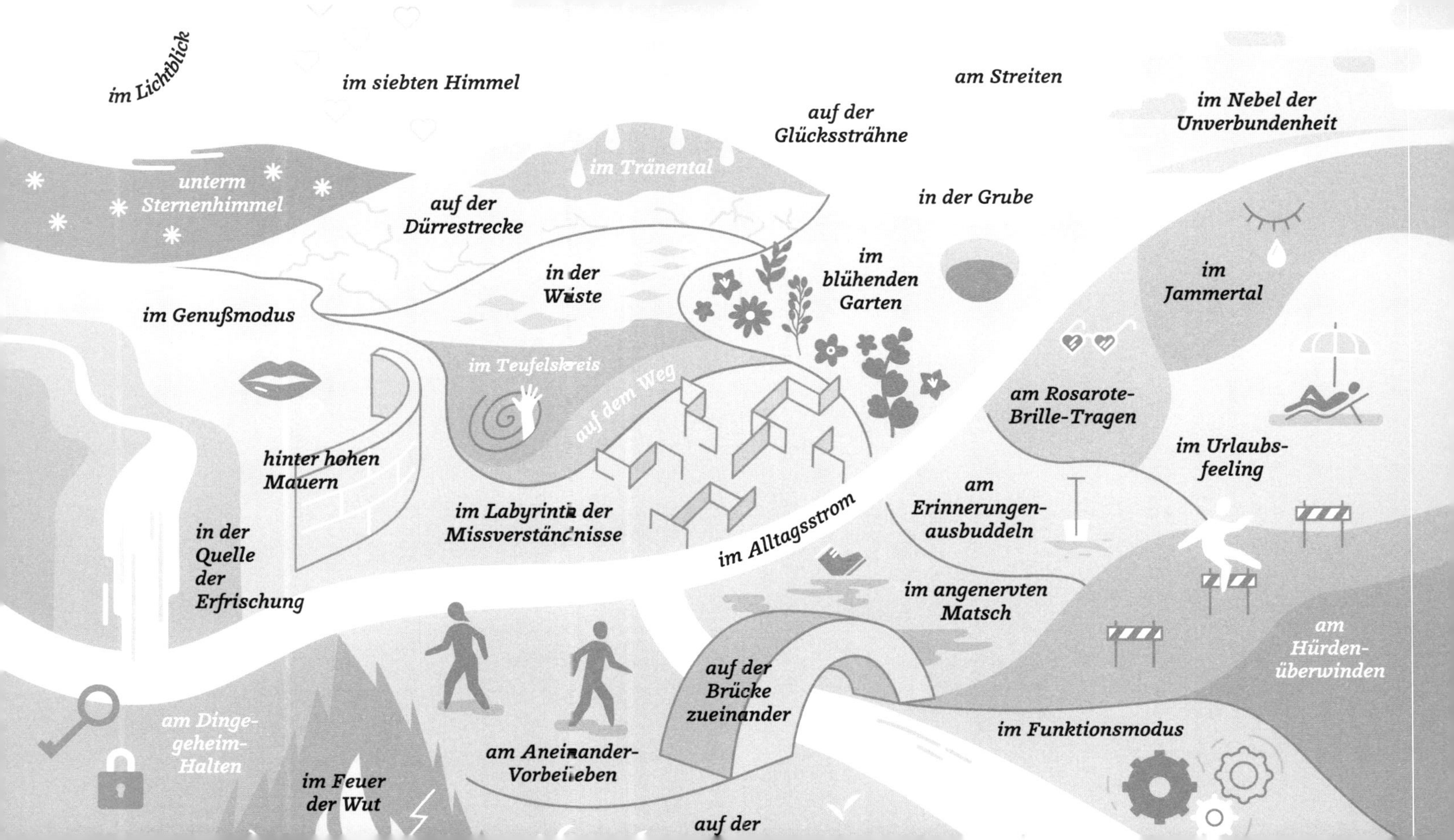

im Lichtblick
im siebten Himmel
am Streiten
im Nebel der Unverbundenheit
auf der Glückssträhne
unterm Sternenhimmel
im Tränental
auf der Dürrestrecke
in der Grube
in der Wüste
im blühenden Garten
im Jammertal
im Genußmodus
im Teufelskreis
auf dem Weg
am Rosarote-Brille-Tragen
im Urlaubs-feeling
hinter hohen Mauern
im Labyrinth der Missverständnisse
am Erinnerungen-ausbuddeln
in der Quelle der Erfrischung
im Alltagsstrom
im angenervten Matsch
am Hürden-überwinden
auf der Brücke zueinander
im Funktionsmodus
am Dinge-geheim-Halten
am Aneinander-Vorbeileben
im Feuer der Wut
auf der

innerhalb von einem Tag und manche innerhalb von acht Stunden. Allein zu wissen, dass das normal ist, beruhigt und entlastet viele. Etliche Zustände erleben Paare auch gleichzeitig. Manchmal sind sie im Alltagsstrom und gleichzeitig auf der Schweigewiese, oder sie sind im blühenden Garten und zusätzlich unterwegs.

Werft einen Blick auf dieses Bild. Lasst es auf euch wirken. Wo befindet ihr euch gerade als Paar? Nehmt euch Zeit und tauscht euch über eure Eindrücke und Gedanken aus.

Der zweite Teil der Standortbestimmung ist eine ausführliche Tabelle über verschiedene Lebens-, Paar- und Familienbereiche mit Feldern zum Ankreuzen. Es geht darum, zur Taschenlampe zu greifen und auf Entdeckungstour zu gehen. Wo steht ihr als Paar? Was läuft gut und macht euch zufrieden? Welche Bereiche genießt ihr? Wo müsst ihr ein wenig tiefer auf Forschungsreise gehen? Welche Bereiche wollt ihr neu pflegen und solltet ihr nicht aus dem Blick verlieren? Die Tabelle ist kein Beziehungstest. Es sind vielmehr Fragen, die euch helfen können, um euch gemeinsam neu auszurichten. Einige Felder beziehen sich zusätzlich auf Paare mit Kindern. Ihr könnt einfach nur die Felder bearbeiten, die für euch aktuell relevant und hilfreich sind. Unten findet ihr freie Felder für Bereiche, die euch fehlen. Am besten macht ihr euch von der Tabelle eine Kopie, damit ihr euch erst einzeln dazu Gedanken machen könnt, um euch dann anschließend darüber auszutauschen.

Ihr könnt diese Übung immer wieder durchführen, wenn ihr merkt, dass es mal wieder gut wäre, sich das gemeinsame Paarsein genauer anzuschauen, oder auch zu Beginn einer gemeinsamen Auszeit. Natürlich könnt ihr es auch einfach zwischendurch zur Hand nehmen, wenn ihr im Alltag wieder bewusster bestimmte Bereiche in den Fokus nehmen wollt. Wichtig ist, dass ihr dafür genügend Zeit und Ruhe einplant und einen wohlwollenden Gesprächsraum gestaltet.

Lebensbereiche
Balance zwischen individueller Zeit und Paarzeit
Emotional verbindende Paargespräche
Alltäglicher Austausch über Erlebnisse
Austausch über individuelle Bedürfnisse
Ausleben und Finden von Visionen und Träumen
Liebesgesten im Alltag
Gegenseitiges Fördern von Gaben
Terminabsprachen
Sexualität als Paar
Umgang mit Finanzen
Umgang mit Stress im Alltag
Gegenseitige Zärtlichkeiten und Zuwendungen
Erholungszeiten (Urlaube, Pausen, Ruhetage)
Wohlbefinden im eigenen Zuhause
Gesundheit (Ernährung, Bewegung usw.)
Verteilung von Care-Arbeit (Haushalt- und Fürsorgearbeit)
Verteilung der Mental Load (die gedankliche Last an vieles im Familienmanagement zu den
Gesunde Konfliktkultur
Beziehung zu den Eltern und Schwiegereltern
Beziehung zu den einzelnen und gemeinsamen Freunden
Rolle des Glaubens im Paar- und Familienleben
Kooperation in Erziehungsfragen
Freiräume für die einzelnen Elternteile
Wahrnehmen und Achten von individuellen Grenzen aller Familienmitglieder
Individuelle Beziehung der Eltern zu dem Kind/den einzelnen Kindern
Zeiten als gesamte Familie
Die Beziehungen zu weiteren Bezugspersonen des Kindes/der Kinder
Familie als Team leben
Beziehung unter den Geschwistern bei mehreren Kindern

hr unzufrieden	unzufrieden	nicht entschieden	zufrieden	sehr zufrieden

Übungsfeld: Eure Brücke

Bevor es weitergeht, finde ich es wichtig, einmal die Wundertüte wahrzunehmen, die in eurer Ehe bereits da ist. Ich muss an eine Brücke denken. Ich persönlich finde es ja generell aufregend, über Brücken zu gehen. Einige Brücken, vor allem Hängebrücken, lösen in mir regelrecht ein Unbehagen aus. Sind sie wirklich stabil? Kann ich sie unbekümmert überqueren? Wird alles gut gehen? Eigentlich möchte ich diese Gedanken beiseiteschieben, und doch schaue ich mir immer genau an, wie die Brücke konstruiert ist. Besonders unwohl ist mir, wenn David vorausgegangen ist und die Brücke bereits zum Teil überquert hat. Plötzlich ist er so weit weg.

Doch dann denke ich auch an den zauberhaften Spruch von Ulrich Beer: »Die Ehe ist eine Brücke, die man täglich neu bauen muss, am besten von beiden Seiten.«[10] Irgendwann habe ich damit begonnen, in Paartherapien eine Brücke für die Paare zu malen. Sie sollen dann ihrer Brücke Stützpfeiler geben, damit sie sicher vor Stürmen und starken Windböen ist. Damit Hochwasser und die tosende See ihr nichts anhaben können. Nichts soll ihre Brücke ins Rütteln bringen. Dabei begleite ich die Paare in einem kreativen Prozess. Sie dürfen ihrer Fantasie freien Lauf lassen und sich über ihre Brücke austauschen.[11] Die Brücke holt das ins Bewusstsein, was schon da ist. Sie macht die Paare aufmerksam auf die Schätze ihrer Beziehung und wie sie sie bereits einsetzen. Sie lädt ein, das zu genießen, was da ist, und es weiter zu stärken. Sie zeigt den Paaren ihr Fundament.

Ich muss zugeben, dass dies eine meiner liebsten Übungen in Paargesprächen ist. Immer wieder bin ich fasziniert davon, was für eine Schatzkiste jedes Paar mitbringt und was jede Paarbeziehung einzigartig macht. Ich bin mir sicher, eure Ehe ist ebenfalls voller Überraschungen. Werft einen Blick in eure Schatzkiste mit all den

Werkzeugen, die ihr bereits mitbringt und die ihr für eure stabile Brücke nutzen könnt.

Und jetzt seid ihr dran. Schnappt euch eine Packung farbiger Klebezettel sowie ein DIN-A3-Blatt (alternativ könnt ihr auch zwei DIN-A4-Blätter zusammenkleben). Ihr könnt die untere Vorlage einfach auf das Blatt übertragen. Legt drei Farben fest und nehmt euch jeder jeweils drei farbige Klebezettel, in jeder Farbe einen. Dabei steht jede Farbe für eine inhaltliche Kategorie. Ich stelle euch die Kategorien erst einmal vor und nenne euch einige mögliche Beispiele. Eure Aufgabe ist es dann, jeder für sich, pro Kategorie jeweils einen Klebezettel mit euren Gedanken zu füllen.

- **Werte (Farbe 1):** Welche Werte sind euch wichtig? Hier sind einige Beispiele: Gastfreundschaft, Großzügigkeit, Gesundheit, Ehrlichkeit, Nachhaltigkeit, Hilfsbereitschaft, Humor, Bildung oder Erfolg.
- **Mottos (Farbe 2):** Mottos sind Haltungen, die aus euren Werten entspringen und auf ihnen aufbauen. Es sind sozusagen ungeschriebene Regeln, über die ihr euch allerdings einig seid. Was also sind die Mottos, die sich durch eure Ehe ziehen? Folgende Aussagen könnten solche Mottos sein: »Wir erzählen uns alles.« »Wir haben keine Geheimnisse.« »Wir setzen uns für Gerechtigkeit ein.«
- **Gewohnheiten (Farbe 3):** Was sind alltägliche kleine wiederkehrende automatisierte Handlungen? Ist es ein kleiner Abschiedskuss? Ist es eine Whatsapp-Nachricht auf der Arbeit? Ein Paar erzählte mir mal, dass, wenn einer der beiden irgendwo gut angekommen ist, dieser immer beim Partner bzw. bei der Partnerin anruft. Ein anderes Paar erzählte mir, dass es, wenn die Kinder schlafen, noch eine Runde ganz in der Nähe mit Babyfon an die frische Luft geht.

Begebt euch nun in ein Brainstorming. Stellt am besten den Wecker auf zehn Minuten und notiert euch alles, was euch in den Sinn kommt. Ihr dürft vorhandene Werte, Mottos und Gewohnheiten notieren oder Wünsche formulieren, von denen ihr hofft, dass sie Teil eurer Brückenpfeiler werden. Ihr könnt auch Pfeiler notieren, die noch nicht fest und greifbar sind, die es aber werden sollen. Wenn ihr fertig seid, tauscht euch aus. Lasst euch erklären, was eurem Gegenüber wichtig ist und weshalb er oder sie das Jeweilige notiert hat. Wo gibt es Überschneidungen? Was überrascht oder irritiert euch? Klebt die Klebezettel vor euch auf eine Tischplatte oder an eine Wand und sortiert sie. Fasst ähnliche Gedanken zusammen und erstellt eine Collage. Entscheidet nun, welche Werte, Mottos und Gewohnheiten es in eure Brückenpfeiler schaffen, und tragt die Begriffe ein.

Ich finde, es lohnt sich, über die Pfeiler wirklich in einen Austausch zu gehen. Auch David und ich haben diese Übung gemacht und ich möchte euch einen kleinen Einblick geben, wie bedeutsam diese Pfeiler für unser Leben geworden sind.

Vier Mal im Jahr schauen wir sie uns an und führen sie uns vor Augen. Zu jedem Pfeiler haben wir einen Text ausformuliert und jeder von uns liest einen davon dem anderen laut vor. Zwei Pfeiler stehen für Gastfreundschaft und Großzügigkeit. Wenn wir an diese beiden Werte denken, dann zeichnen sich meist drei Dimensionen vor unseren Augen ab: Zeit, Wertschätzung und Finanzen. Sind wir wirklich bereit, üppig unsere Zeit zu verschenken und Menschen lange zuzuhören? Unser Haus zu öffnen? Manchmal, wenn wir von Termin zu Termin hetzen, fällt es uns schwer, unsere Zeit zu verschenken. Auch in unserer Wertschätzung wollen wir großzügig sein: die vielen guten Gedanken über andere aussprechen und aufschreiben. Wir möchten unabhängig davon, wie es um unser Hab und Gut steht, teilen. Wir möchte in allen Bereichen, in denen wir privilegiert sind, etwas abgeben. Denn auch wir haben oft erlebt, wie Menschen unfassbar großzügig uns gegenüber waren, und das ohne Grund, und wollen ebenfalls dazu beitragen, dass andere diese Erfahrung machen können. Diese Brückenpfeiler können wie ein Fundament für euren Gestaltungsraum werden, Pfeiler, auf die ihr euch immer wieder stützen könnt.

Zwei unerlässliche Fähigkeiten – Sprache und Empathie

Mein Wunsch ist es, dass Paare in positiver Resonanz miteinander ihr Leben gestalten können.

Dabei hat es folgendes Zitat in sich: »Nähe entsteht, wenn Verletzbarkeit mit Zuwendung beantwortet wird.«[12] Diese Aussage geht unter die Haut, weil es doch das ist, wonach jeder Mensch sich ausstreckt. Der Satz verspricht einen sicheren Ort der emotionalen Nähe. Was braucht es also, um immer wieder in einen unbekümmerten und leichten Zugang zu gemeinsamer Verbundenheit zu finden? Hier kommen Symbolisierung und Mentalisierung ins Spiel.

Die Symbolisierung offenbart uns die Notwendigkeit von Sprache. Indem wir unsere inneren Erfahrungen in Worten ausdrücken, machen wir uns nahbar und verständlich. Das nennt sich symbolisieren. Unser Paarsein entsteht und entwickelt sich durch den Austausch von Worten.[13] Durch die Standortbestimmung oben habt ihr bereits ein Werkzeug an der Hand, mit dem ihr eure Sprachfähigkeit erleben könnt.

Doch es gibt eine zweite Komponente, die extrem wichtig ist. Es braucht die Fähigkeit, zu mentalisieren. Oder mit den Worten therapeutischer Fachleute ausgedrückt:

> Wir können sogar fühlen und denken, was andere fühlen und denken. Wenn wir sehen, wie einem geliebten Menschen Schmerz zugefügt wird, tut das fast genauso weh, als wären wir diesem Schmerz selbst ausgesetzt. Es sind in uns tatsächlich auch die gleichen Hirnregionen aktiv: Diese Fähigkeit, Erleben mitzufühlen und dafür Worte zu finden, nennt man »mentalisieren«.[14]

Am besten lässt sich das anhand von Spannungsmomenten verdeutlichen. In einer Konfliktsituation herrscht eine Spannung im Raum, die uns offenbart, dass etwas nicht im Einklang ist. Ein Konflikt ist übrigens nicht gleich ein Streit. Ein Streit wird von manchen Fachpersonen als etwas Destruktives[15] beschrieben, beispielsweise, wenn der Ton lauter oder das Miteinander verletzend wird. Ein Konflikt kann also zu einem Streit führen, muss aber nicht. Zudem kann ein Konflikt auch sehr hilfreich, ja sogar notwendig für die Paarbeziehung sein.

Es ist nur natürlich, dass sich unser inneres Erleben voneinander unterscheidet und wir aufgrund dessen vermutlich auf Unterschiede stoßen. Wenn wir uns die Herkunft des Begriffs Konflikt anschauen, ergibt das Ganze auch Sinn, denn er stammt vom lateinischen *conflictus* ab und das bedeutet »Zusammenstoß«.[16] In einem Konflikt begegnen sich unsere Haltungen, Gewohnheiten sowie unsere »Meinungen, Bedürfnisse, Gefühle«[17] und können sich eben auch voneinander unterscheiden.

Ein Konflikt ist also das Auftreten einer Spannung. Um diese Spannung zu lösen und die Situation zu entlasten, benötigt es Sprache und Empathie. Ich persönlich bin der Überzeugung, dass nicht jeder brisantere Streit, in dem es mal lauter oder hitziger zugeht, gleich destruktiv ist oder der Beziehung schadet. Es wäre eine übermenschliche Erwartung an ein Paar, wenn es ein stets kontrolliertes und überreguliertes Verhalten an den Tag legen müsste. Es darf auch mal knallen und die Türen dürfen auch mal mit etwas mehr Kraft zufallen, ohne dass es gleich eine Warnprognose geben muss. Ganz im Gegenteil: Ein authentisches und auch mal ungehaltenes Miteinander, in dem motziges Streiten stattfindet, geht nur im Rahmen von Sicherheit, Bindung und Vertrautheit. Hier gilt: Die Dosis macht das Gift. Es geht um das Maß und darum, ob Paare völlig in einem Strudel an ungesunden Dynamiken gefangen sind und diesen Zyklus nicht mehr verlassen können oder ob sie danach Betroffenheit zulassen, sich versöhnen und ein gemeinsames Ja für einen Lernprozess finden können.

Im Dschungel der Begriffe spreche ich in der Therapie auch gern mal von der Paarspannung oder der Spannungsdynamik. Ich finde, dass das Wort »Spannung« wie ein Auffangbecken für alle Paarschwingungen ist, die mit schwierigen Gefühlen belegt sind. Dennoch werde ich im Folgenden bei dem Begriff »Konflikt« bleiben, da er der gängige in der Fachliteratur ist. Vielleicht findet ihr sogar einen ganz anderen Begriff zu verwenden, der besser zu euch passt.

Damit ein Konflikt sich beruhigt, braucht es liebevolle Zuwendung. Es braucht ein Mitfühlen, ein Schwingen und ein inneres Nahetreten an das Innenleben des anderen. Dadurch entsteht eine innere Parallelwelt zur Außenwelt.«[18]

Die Not, die die meisten Paare erleben, fußt entweder in dem Unvermögen von Sprache, ihnen fehlen also die nötigen Symbolisierungsfähigkeiten, oder in dem Fehlen von Anteil nehmender Empathie, also der ausbleibenden Mentalisierung. Nicht selten ist es eine Kombination beider Mangelzustände.

Jedes Paar, das bei mir sitzt und dessen Herz vor Kummer schmerzt, wünscht sich zutiefst, vom jeweiligen Gegenüber verstanden zu werden. Da ist eine Sehnsucht nach echter Anteilnahme des Partners bzw. der Partnerin:

- Sieht der andere meinen Schmerz?
- Versteht der andere, was das für mich bedeutet?
- Hört der andere mir wirklich zu?
- Ich wünsche mir, dass mein Gegenüber mir seine tiefe Betroffenheit zeigt und sein Bedauern zulässt.
- Ich wünsche mir aufrichtiges Mitgefühl für das, was ich aufgrund unserer Beziehungsverletzungen aushalte und ertrage.
- Ich wünsche mir Anerkennung für das, was ich durchmache.
- Ich wünsche mir eine aufrichtige Willensbekundung und Verhaltensänderung.

Wenn ich auf all diese Fragen und Wünsche schaue, dann geht es letztlich immer um die Fähigkeit, selbst eine innere Ergriffenheit zu spüren, um aus dieser heraus etwas nachhaltig ändern zu wollen. Damit wir unserem Gegenüber aber sichtbar machen können, dass wir uns eindenken und einfühlen, braucht es Sprache. Es halten also beide Konzepte – Mentalisieren und Sprache – Händchen und brauchen einander.

Die Empathie-Ebenen

Wie aber können wir nun aus dem Vollen unserer Einfühlsamkeit schöpfen? Ich unterscheide dabei vier Empathie-Ebenen, für die ein Paar ein inneres Ja braucht.

Ein Paar braucht Empathie auf der …

- **ersten Ebene** in Bezug auf seine individuellen Nöte und Belastungen.
- **zweiten Ebene** in Bezug auf die Themen und Beziehungswünsche, die jeder Einzelne beim jeweils anderen bezüglich der Paarbeziehung anspricht.
- **dritten Ebene** in Bezug auf seine alltägliche Kommunikation, die einer einfühlsamen Sprache bedarf.
- **vierten Ebene** in Bezug auf seine Sorgen, Anliegen und Gedanken, die es bezüglich der Kinder bewegt und über die es spricht.

Für Empathie benötigen wir also eine Menge Imagination. Wir brauchen Fantasie und Vorstellungskraft, um uns in eine andere Welt einzudenken, ja einzufühlen. Eindenken und Einfühlen unterscheidet sich hierbei. Eindenken genügt nicht. Das ist ein rein kognitiver Prozess. Wir brauchen die Fähigkeit, uns einzufühlen, das ist ein emotionaler Prozess und der erfordert von unserer Ja-Gesinnung eine große Portion emotionales Engagement.

Ich möchte euch die Ebenen an einem Beispiel näherbringen. Ellion und Dana haben vier Kinder. Sie sind bereits siebzehn Jahre verheiratet. Im Außen funktionieren sie hervorragend. Man könnte sagen, dass sie ein funktionales Paar sind. Sie sprechen sich ab, haben klare Alltagstrukturen, wechseln sich mit den Kindern ab, und wenn andere zu Besuch sind, läuft alles rund. Dieses Team, was nach außen hin hervorragend zusammenspielt, ist im Innen voller Schmerz. Über siebzehn Jahre hinweg hat sich in Ellions Herz eine große Enttäuschung gegraben. Er machte immer wieder die Erfahrung, dass es Dana schwerfällt, Empathie zu zeigen. An Dana und Ellions Dynamik lassen sich die vier Ebenen der Empathie in einer Paarbeziehung aufdröseln.

- **Erste Ebene (mitfühlende Anteilnahme an den individuellen Angelegenheiten des Gegenübers):** Als Ellions kleine Schwester schwer erkrankte, wünschte er sich in seiner Angst und Sorge um die Schwester den Trost seiner Frau. Doch Dana war zu beschäftigt mit ihrer Arbeit und konnte diesen Trost nicht leisten.
- **Zweite Ebene (Wünsche in der Paarbeziehung):** Ellion offenbarte sich selbst. Selbstoffenbarung geht immer mit Verletzlichkeit einher. Er teilte Dana mit, dass er gern mehr Zweisamkeit hätte. Dana verbringt gern Zeit mit ihrer Familie und die Wochenenden verbringen sie nicht selten im Garten von Danas Eltern. Ellion vermisst aber die Zeit zu zweit. Dana hingegen nimmt diesen Wunsch nicht ernst. Sie lässt keine Betroffenheit zu. Sie kann sich nicht in ihn hineinversetzen und spüren, was Ellion sich wünscht.
- **Dritte Ebene (Empathie in der alltäglichen Kommunikation):** Diese Ebene bleibt bei Ellion und Dana unbeantwortet. So hat Ellion zum Beispiel für die Küche neue Geschirrhand-

tücher gekauft. Er hat sich, nachdem er lange hin und her überlegt hat, entschieden, die etwas teureren zu nehmen, da die letzten schnell rissig geworden waren. Dana macht ihm nun jedoch für die höheren Ausgaben Vorwürfe, hört aber nicht hin, welche Gedanken er sich vorher gemacht hat. Auch hier bleibt die Empathie aus.

- **Vierte Ebene (Sorgen und Anliegen bezüglich der Kinder):** Auch auf dieser Ebene erlebt Ellion kein Mitgefühl. Er holt die Kinder nachmittags immer ab. Für ihn bedeutet das viel Stress, da er pünktlich Feierabend machen muss. Seine Chefin hat die Gewohnheit, immer kurz vor Feierabend noch mit einer Aufgabe um die Ecke zu kommen. Das bringt Ellion in eine innere Zerrissenheit. Wenn er Dana davon erzählt, zeigt sie sich abwesend und uninteressiert. Dana hat keine inneren Schwingungsmöglichkeiten. Sie ist nicht in der Lage, mit Ellions Gefühlsleben mitzuschwingen und sich wahrhaftig in sein Innenleben einzufühlen. Das tut ihm weh. Das schmerzt. Fehlende Empathie für Ellion näht hier das Kleid der Einsamkeit.

Sicherlich hat nicht ein einziges Erlebnis dafür gesorgt, dass Ellion heute zutiefst ernüchtert ist. Aber über die Jahre hinweg hat diese ausbleibende emotionale Zuwendung dafür gesorgt, dass Ellion Dana keine Zuwendung mehr zeigen kann. Ellion erlebt Danas Verhalten, dieses Nicht-Reagieren und die Verweigerung, sich emotional für die Beziehung zu engagieren, als Gleichgültigkeit. Gleichgültigkeit zu erleben, ist eine besondere Form der Verachtung und Herabwürdigung. Ellion ist so tief gekränkt und fühlt sich in seinem ganzen Dasein so wenig anerkannt und wahrgenommen, dass er die Gegenwart von Dana kaum noch aushält, zutiefst traurig ist und überlegt, die Ehe zu beenden.

Wir müssen die Situation jedoch zu Ende durchdeklinieren, sonst könnten wir uns von der tückischen Annahme verleiten lassen, dass Dana »die Schuldige« ist. Nein, eine verworrene und ins Ungleichgewicht geratene Paardynamik ist immer ein Zusammenspiel von zwei Seiten. Mal ein bewusstes, mal ein unbewusstes. Auch Dana leidet. Wahrscheinlich ist ihr dies noch nicht mal bewusst. Danas Gleichgültigkeit ist vermutlich auch darin begründet, dass sie wenig Wertschätzung von Ellion erfahren hat. Irgendwann war der Druck, zu genügen, so hoch, dass Dana einen Schutzmechanismus brauchte, vor allem, da ihre Bemühungen von Ellion nicht wahrgenommen wurden. Das Gefühl, nie gut genug zu sein, kann sehr schmerzhaft sein, sodass Dana sich irgendwann hinter Frust und Wut verkroch. Doch diese Gefühle erschöpfen auf Dauer. Also »helfen« Dana die Gleichgültigkeit und das Abspalten der Gefühle, um in der Paarspannung zu überleben.

In diesem Sinne füge ich dem Empathie-Plädoyer hinzu, dass Empathie mehr ist als die Zuwendung in bestimmten »Not-Momenten«. Vielmehr können wir Empathie in allen Paarbereichen durchbuchstabieren.

Annahme von Gefühlen

Wie ihr an dem Beispiel von Ellion und Dana gesehen habt, kann Empathielosigkeit sich in Gleichgültigkeit zeigen. Sie kann sich aber auch in Form einer Gefühlsabwehr zeigen. Das bedeutet, dass Gefühle des Gegenübers weggeschoben oder bekämpft oder sie ihm sogar abgesprochen werden.

Noch ein Beispiel, um dies zu verdeutlichen: Sandra hat ihre Nachbarin gebeten, die Balkonblumen zu gießen. Sie hat mehrere

Textnachrichten geschrieben, worauf die Nachbarin achten soll. Nun schämt sie sich dafür, weil ihr so viele Punkte bezüglich ihres Gartens wichtig sind und sie es der Nachbarin damit schwerer macht. Sie kann die Nachrichten aber auch nicht mehr rückgängig machen. Darüber hinaus hat die Nachbarin auch noch nicht geantwortet, sodass Sandra noch keine Rückmeldung hat, wie die Nachbarin die Nachrichten fand. Sie wendet sich Joel zu.

Sandra: »Ich habe jetzt total Angst, dass Anne sauer ist.«

Joel: »Was schreibst du ihr auch so einen langen Text?«

In der Folge entsteht ein Konflikt darüber, dass Sandra Joel in dieser Situation als aggressiv und nicht einfühlsam erlebt hat. Was können die beiden zukünftig anders machen? Wichtig ist, zu verstehen, was da eigentlich passiert ist und woher es kommt.

Joel hat an irgendeinem Punkt in seinem Leben gelernt, genauso zu reagieren, also zu beschuldigen, statt sich zuzuwenden. Das Verhalten erwies sich als hilfreich, erwünscht oder diente seinem inneren Schutz. Joel wählte Sandra damals als Partnerin, weil sie Ressourcen hatte, die er selbst nicht hatte. Das kann auch bedeuten, dass es für Joel attraktiv sein kann, dass Sandra Gefühle zulässt, zu denen er keinen Zugang hat. Wenn Joel Sandra ihre Gefühle abspricht oder sie abwehrt, dann, weil er den Kontakt mit dem Gefühl nicht gut aushält. Interessant ist: Das Gefühl scheint so bedrohlich zu sein, dass es für ihn einfacher ist, ihr das Gefühl abzusprechen und ein Störsignal in der Beziehung zu Sandra in Kauf zu nehmen, als in Kontakt mit dem Gefühl zu sein. Er möchte vielleicht nicht, dass Sandra Angstgefühle spürt, und gerät sofort selbst unter Spannung und Druck. Im Grunde möchte er sie schnell von der Angst ablenken. Hier wäre es hilfreich, Sandras Gefühl auszuhalten. Das schauen wir uns im nächsten Abschnitt anhand praktischer Tipps an.

Einander trösten und halten – validieren statt bagatellisieren

Wie können wir denn nun einander Empathie zeigen? Eine Form ist sicherlich, indem wir trösten, halten und das Gefühl als wichtig und wertvoll annehmen, es also validieren. Wenn unser Gegenüber durch tiefe Täler geht oder einfach schlichtweg einen herausfordernden Tag hat, kann das Validieren der Gefühle von großer Bedeutung sein. Beides kann etwas Warmes, Zartes und Erinnerungswürdiges auslösen. Manchmal tappen Paare in eine kleine, feine Falle und geben sich gegenseitig Tipps oder bagatellisieren das Gehörte: zum einen, weil sie helfen wollen, zum anderen, weil sie sich womöglich selbst hilflos fühlen. Es liegt in der Natur der Sache, dass man dieses hilflose Gefühl möglichst schnell loswerden möchte. Schließlich fühlen sich die schwierigen Gefühle wie Trauer, Angst oder Überforderung nicht besonders angenehm an. Das Problem ist nur: Indem man dem anderen Tipps gibt, landet man ganz schnell wieder bei sich selbst und ist weniger beim Gegenüber. Nicht umsonst heißt es: Ratschläge sind auch Schläge. Für das Gegenüber können zu viele Tipps oder Aussagen wie »Hör auf traurig zu sein«, »So schlimm ist das jetzt auch nicht«, »Du hast selbst schuld, wenn du …« oder »Deine Kollegin hat das ja nur … gemeint« schmerzlich und wenig hilfreich sein.

Natürlich können wir auf der Sachebene eine andere Meinung haben. Das steht uns immer zu! Manchmal verbirgt sich hinter dem Beharren auf der eigenen Sachposition auch die Angst vorm Selbstverlust. »Gebe ich meine Werte auf? Löst sich mein Ich in dem anderen auf, wenn ich ihm die Gefühle jetzt zugestehe?« Auch diese Angst muss anerkannt werden. Die Herausforderung an dieser Stelle ist die Parallelität. Unsere eigene inhaltliche Haltung bezüglich des Gehörten darf uns nicht davon abhalten, uns auf emotionaler Ebene zu solidarisieren und das Erleben des anderen in all seinen Gefühlsfacetten anzuerkennen und für das Gefühlte Halt zu schenken. Darüber hinaus wollen wir selbst in solchen Momenten vermutlich auch nicht hören, dass unser Anliegen mit unseren Empfindungen nicht in Relation stehe oder nicht angemessen sei.

Viele wünschen sich zuerst einmal, dass der andere mitfühlend und zugewandt ist. Oft hilft es schon, wenn das Gegenüber einige Momente mit dem anderen verweilt und die Traurigkeit gemeinsam mit ihm aushält und sie teilt. Deswegen: Schafft füreinander einen Raum, der Platz für schwierige Gefühle bietet, und nehmt sie ernst. Schließlich lädt auch Gott uns ein, nicht nur Freude, sondern genauso unser Leid zu teilen: »Freut euch mit den Fröhlichen! Weint aber auch mit den Trauernden!« (Römer 12,15). Statt das Anliegen zu verkennen, kann das Anerkennen der Not und der Situation erst mal entlasten.

Meist haben Paare brisante Anliegen vor Augen und denken sich: »Na klar bin ich in diesen Momenten empathisch!« Viel öfter aber geht es um die eher beiläufigen kleinen Erlebnisse, in denen sich Paare einander zeigen. Nehmen wir dieses Beispiel:

Lida: »Als ich bei der Arbeit am Kopierer stand, hat meine Kollegin mich komisch angeschaut. Das hat mich voll verunsichert.«

Sermet: »Die war doch bestimmt nur im Stress.«

Zack, merkt ihr es? Manchmal ist bereits jetzt die Spannung im Raum. Daher habe ich einige Satzanfänge für euch aufgeschrieben, die im Gespräch hilfreich sein können:

- Ich glaube dir, dass …
- Ich kann mir vorstellen, dass …
- Vermutlich fühlst du dich …
- Das muss total schwer sein, auszuhalten …

Auch Fragen können helfen:

- Was brauchst du gerade?
- Wie kann ich dich unterstützen?
- Gibt es etwas, womit ich dir etwas Gutes tun kann?

Ihr könnt einander auch validieren, indem ihr euch Gefühle anbietet: Wahrscheinlich fühlst du dich …

- ernüchtert
- traurig
- hilflos
- ängstlich
- erschöpft
- allein
- frustriert
- wütend
- ratlos
- neugierig
- irritiert
- haltlos
- unsicher
- schmerzvoll
- unruhig
- einsam
- verwirrt
- erschrocken
- durcheinander
- besorgt
- aufgewühlt

Könnte das sein?

Probiert mal aus, diese Sätze in euren Sprachgebrauch einzubauen, und schaut, ob sie euch weiterhelfen.

Konflikte und ihre Chancen: Von der Spannung zur Nähe finden

Warum ich heute anders über Konflikte denke

Reibung erzeugt Wärme. Die Aussage ist wahr: Konflikte können Verbundenheit schaffen. Darüber hinaus sind Irritationen die besten Plattformen für gemeinsames Wachstum. Es gibt keine Beziehung ohne Konflikte. Sich das Gegenteil dieser Aussage anzumaßen, wäre wohl eine idealistische Verzerrung.

Die Frage ist vielmehr, wie und wann der Konflikt ausgetragen wird: Wird er unter den Teppich gekehrt, verletzt man sich gegenseitig oder wird er stattdessen fair ausgehandelt? Natürlich können in einer Beziehung alle drei Fälle abwechselnd oder sogar gleichzeitig innerhalb eines Konfliktes vorkommen. Konflikte sind unausweichlich, sind wir doch alle in unserer Art unterschiedlich. Jeder von uns hat eine Meinung, manchmal stimmen wir mit anderen überein, manchmal aber eben auch nicht. Hinter unserer Meinung stehen unsere persönlichen Werte und Überzeugungen. Zudem bringen wir unterschiedliche Gewohnheiten mit, die davon geprägt sind, wie für uns das alltägliche Leben gut und sicher funktioniert. Außerdem haben wir in Situationen jeweils unterschiedliche Bedürfnisse. Aus diesen leiten sich unsere Gedanken ab, die zu Gefühlen und Wahrnehmungen führen, die sich unangenehm anfühlen können und die in einem Konfliktgespräch mitschwingen. Fakt ist auch, dass es normal ist, dass das, was anfangs faszinierend war, später Ausgangspunkt für Herausforderungen sein kann.[19] Denn das, was uns verzaubert, ist in der Regel die Unterschiedlichkeit des anderen, etwas, das uns selbst fremd ist und das wir bei dem anderen finden.[20] All diese Aspekte können zu einem Konflikt führen. Was dann passiert, ist gar nicht schlimm.

Wir müssen Konflikte nicht als Bedrohung ansehen. Sie werden unserer Beziehung nicht unbedingt schaden. Im Gegenteil: Konflikte können unserer Beziehung Tiefe, Verbundenheit, Reflexion und Vorwärtskommen schenken. Und wenn wir, wie bereits im vorigen Kapitel erwähnt, eine Sprache für unsere Gefühle entdecken, kann uns diese Sprachfähigkeit neue Welten eröffnen. Dann können wir eintauchen in tiefe Begegnungen, die uns bislang verwehrt schienen. Dafür müssen wir aber über unseren Schatten springen, Mut fassen und einander unser Inneres zur Verfügung stellen.

Als konfliktscheue Personen müssen wir lernen, Konflikte zuzulassen, und als konfliktfreudige Personen müssen wir lernen, sie in einem Rahmen stattfinden zu lassen, der bereichernd und nicht destruktiv ist. Aber: Mit Jesus an unserer Seite, der Einstellung »Alles ist erlernbar« und einer aufrichtigen Willensbekundung ist vieles möglich. Diese drei in Kombination sind unser stärkster Motor. Das Schöne ist, dass die Ehe die größte, einflussreichste und schönste, aber auch anspruchsvollste Schule ist, die wir besuchen können. Eine, die uns kontinuierlich lehrt, Jesus ähnlicher zu werden.[21] Denn da, wo wir Jesus ähnlicher werden, können wir loslassen: unseren Standpunkt und unser Recht, weil wir wissen, dass wir gesehen werden. Wir können die Schuld des anderen loslassen, weil wir wissen, dass uns durch Jesus vergeben ist. Und wir können die Härte unseres Herzens loslassen und stattdessen ein weiches und empathisches Herz bekommen, weil wir selbiges von Jesus persönlich empfangen haben.

Es geht darum, welche Haltung wir zum Thema Konflikte haben. Natürlich können Konflikte verletzend, kräftezehrend und demotivierend sein. Doch wenn Paare immer mehr Systeme etablieren, in denen sie sprachfähig werden und ihre Gefühle äußern, und wenn Paare verstehen lernen, dass das Handeln des anderen eine Strategie ist, um ein bestimmtes Bedürfnis zu erfüllen, dann gelingt der Perspektivwechsel immer mehr. Paare können eine Konfliktfreundlichkeit entwickeln und dem Konflikt ein »Hereinspaziert, lieber Konflikt, du bist willkommen. Mal gucken, was ich durch dich lernen kann!« entgegenrufen.

Die Frage ist nun: Wie können Konflikte eine Beziehung stärken? Zum einen können sie eine Beziehung vertiefen, wenn ein Paar lernt, sie zu besprechen. Konflikte zu klären ist eine Kompetenz, ein Skill. Nicht umsonst ist auch im Arbeitskontext immer wieder von Konfliktfähigkeit die Rede. Jeder bringt ein unterschiedliches Skill-Set mit, also unterschiedliche Voraussetzungen, um mit einem Konflikt umzugehen. Aber der Name ist Programm. Das heißt: Es handelt sich um eine Fähigkeit, die wir erlernen und trainieren und immer wieder erweitern können. Das kann harte Arbeit bedeuten.

Aber der Lohn ist sehr vielversprechend: Wir lernen uns und unser Gegenüber besser kennen. Unser Vertrauen zu unserem Gegenüber wächst, denn im Prozess findet ein hohes Maß an Selbstoffenbarung statt. Wir erleben gemeinsam mit unserem Lieblingsmenschen, dass wir es in der Hand haben, gemeinsam Veränderungsprozesse in unserer Beziehung anzustoßen. Dieses gemeinsame Erleben kann beflügeln und motivieren, stetig an der Beziehung dranzubleiben.

Zu Beginn meiner Beziehung mit David empfand ich Konflikte als große Bedrohung. Ich dachte: *Oh, wir haben Spannungen. Wenn wir heute schon einen Konflikt haben, wie sieht es dann erst morgen oder in einem Jahr aus? Oh nein, sind wir gar wie meine Eltern?* In meiner Familie habe ich gelernt: Konflikte führen unweigerlich zu einer Trennung.

Heute denke ich ganz anders über Konflikte. Inzwischen genieße ich sogar manchmal die Nähe, die zwischen mir und David entsteht, wenn wir etwas ausdiskutieren. Manchmal werde ich sogar neugierig und freue mich auf die Klärung des Konfliktes. Ich denke verrückterweise schon währenddessen: *Wow, da wird etwas sein, das ich neu über meinen Partner erfahren werde.* Natürlich denke ich nicht immer so. Das wäre jetzt wirklich vermessen, zu behaupten. Nichtsdestotrotz betrachten wir das Ergebnis des Konfliktes als wertvolle Ressource und hochinteressante Information für die zukünftige Gestaltung unserer Beziehung. Nicht nur in Harmonie zu leben, sondern in der Verbundenheit Konflikte austragen zu können, das ist doch eine Menge wert! Auf eine solche gemeinsame Leistung darf jedes Paar stolz sein.

Es geht um mehr

Für die, die Kinder, Pflegekinder oder Adoptivkinder haben oder Kinder planen, ist das Erlernen einer gesunden Konfliktkultur eine weiterzuvermittelnde Lebenskompetenz. Es ist wohl eine der komplexesten Aufgaben, Kindern beizubringen, wie sie mit Spannungen, Unterschiedlichkeiten, Bedürfnissen und Gefühlen im Konflikt umgehen können.

Für (zukünftige) Kinder kann es der Beginn einer Segenslinie sein, wenn wir uns mit unserer Spannungsdynamik beschäftigen. Vielleicht ist es der Startpunkt, an dem ein Paar Muster durchbricht und einen Unterschied in der Familienlinie macht. Nicht selten erleben Kinder Szenen spannungsreicher Elternkonflikte. Dabei können Kinder starke innerpsychische Schuldgefühle entwickeln. Der notwendige Schutzraum fehlt. Loyalitätskonflikte, eine überstarke Verantwortungsübernahme seitens der Kinder oder auch eine hohe innere Wachsamkeit für bedrohliche Situationen können Kinder verunsichern und destabilisieren. Verschweigen Eltern wiederum die Spannungen, können Affekte isoliert werden. Das heißt, emotionale Empfindungen werden von Erlebnissen losgelöst und nicht gespürt.[22] Oftmals haben Erwachsene selbst nicht gelernt, Spannungen auszuhalten und zu lösen. Vermeiden Erwachsene nun, Spannung im Familienleben zu thematisieren, kann es bei Kindern zu einer fehlenden Wahrnehmung von Gefühlen oder zu einer Überbelastung kommen, da die vielen Gefühle keinen Sprachraum finden.

Fakt ist: Es ist unmöglich, Konflikte als Paar und als Eltern zu vermeiden. Kinder dürfen erleben, dass es zu Hause eine Konfliktkultur gibt. Es ist ihr gutes Recht, eine wertschätzende Sprache innerhalb eines Konfliktes zu erleben und so selbst zu erlernen. In keiner Familie erlebt ein Paar den Konflikt nur als Paar, immer sind sie auch Eltern und damit Teil des Familiensystems. Als Eltern ist es ihre Aufgabe, Verantwortung zu übernehmen, sensibel zu sein für die Unruhe, die ihre Konflikte bei den Kindern auslösen, und Kindern eine Versöhnungskultur vorzuleben. Wenn Eltern Konflikte besprechen, nehmen auch die Kinder Konflikte mehr und mehr differenziert wahr und verfügen zukünftig über ein reicheres Repertoire an emotionaler Sprache.

Aus der Forschung wissen wir, dass Paarkonflikte für Kinder schon im Mutterleib schwierige Konsequenzen haben können.[23] Zudem ist nachgewiesen, dass Paarkonflikte auf das emotionale und psychosomatische Befinden und die Schulleistungen von Kindern Einfluss haben sowie zu auffälligem Verhalten führen können.[24] Die Qualität der Paarbeziehung beeinflusst maßgeblich die Qualität der elterlichen Kooperation und die gemeinsame Erziehung. Das wiederum beeinflusst, wie sehr Eltern in der Lage sind, eine sichere Bindung anzubieten.[25] Kindern entgehen die Paarkonflikte der Eltern nicht. Sie atmen das Klima ein. Sie verarbeiten es oft anders, als wir glauben, aber eins ist klar: Wenn die Konfliktkultur destruktiv ist, ist dies für Kinder mit einer hohen Belastung verbunden.[26] Kinder spüren den Mangel ihrer Eltern und sind sehr feinfühlig dafür, wenn Gefühle keinen Platz haben und es unversorgte Paarbedürfnisse gibt. Manchmal schlüpfen Kinder dann in die Rolle des Partners bzw. der Partnerin und die Systemgrenzen werden nebulös. Manche Elternteile erwarten sogar von ihren Kindern – bewusst oder unbewusst –, dass sie ihre Bedürfnisse stillen, und machen ihre Kinder so zu einem Ersatz für den Partner bzw. die Partnerin.[27]

Um Licht ins Dunkel zu bringen und wissend, wie komplex Familie und Kommunikation sind, lohnt es sich demnach sehr, sich mit diesen Themen zu beschäftigen, denn es geht um mehr als nur euch zwei. Es kann um eine neue Generation gehen, für die ihr jetzt schon Verantwortung tragen könnt.

Die zwei Pole »Rückzug« und »Kampf« und woher sie kommen

»Ein Schrei ist ein Schlag mit der Stimme, Schweigen wiederum ein stummer, erstickter Schrei«, sagt David immer mal wieder. Ich glaube, wir alle können nachvollziehen, dass beide Zustände nur schwer auszuhalten sind. Doch warum schmerzt das Herz so? Warum kann es so wehtun?

Es gibt ein schmerzhaftes Konfliktszenario, von dem Paare immer und immer wieder berichten, und zwar völlig unabhängig davon, in welchem Alter die Ratsuchenden oder wie lange die Paare zusammen sind. Ich höre es jedes Mal in abgewandelter Form wieder. Damit möchte ich sagen: Wenn euch die Dynamik, die ich gleich schildern werde, vertraut vorkommt, dann seid ihr damit nicht allein. Vielen Paaren geht es ähnlich. Aber: Vielen Paare gelingt es auch, aus diesem Muster auszubrechen und sich neue Wege anzueignen.

Manchmal sagen Paare in den Sitzungen, der Partner bzw. die Partnerin solle das alles nicht so persönlich nehmen. Das ist tatsächlich ein Lösungsvorschlag, der immer wieder geäußert wird, in der Hoffnung, die Konfliktdynamik zu entlasten. An dieser Stelle braucht es psychoedukative Arbeit. Ich versuche also den Paaren so simpel wie möglich näherzubringen, dass es nicht möglich ist, es einfach mal eben nicht persönlich zu nehmen. Wenn wir einen Sturz erleben und beispielsweise eine offene Wunde am Arm haben, dann löst jede Berührung einen brennenden Schmerz aus. Genauso ist es mit unseren Worten, unserer Mimik und Gestik. Wir können damit bei unserem Gegenüber eine alte Wunde berühren und so ein schmerzvolles, vertrautes Brennen auslösen.

Es geht also um alte Wunden, die von unserem Gegenüber schmerzhaft berührt werden und bei denen es eben nichts hilft, es nicht persönlich zu nehmen. Für Ratsuchende ist es eine enorme Entlastung, wenn ich ihnen sage, dass ihre Reaktion auf die Berührung ihrer Wunde und die Intensität ihres Schmerzes woanders wurzelt. Gehört diese Verletzung in ihrem ganzen Ausmaß wirklich ausschließlich ins Hier und Jetzt? Ist die Verletzung in all ihren Facetten in der Gegenwart entstanden und dort ausnahmslos zu verorten? Diese Fragen sollen den Schmerz nicht bagatellisieren, können aber eine Hilfe sein, um dorthin zu schauen, wo man lange nicht hingeschaut hat, weil es zu bedrohlich wirkte. Zu wissen, dass die Bandbreite des eigenen inneren Gefühlschaos im Paarkonflikt auf weitaus mehr fußt als auf der aktuellen Situation, beruhigt, erleichtert und lässt aufatmen. Den aktuellen Konflikt im Kontext einer ganzheitlichen Biografie zu betrachten, ist ein Zeichen von Reife und Selbstkenntnis. Auch die Versagensgefühle, mit denen Paare oft ringen, minimieren sich mehr und mehr. Gedanken wie »Wir sind komisch«, »Wir sind gescheitert« oder »Mit uns ist etwas falsch« werden relativiert.

Um es noch mal etwas zu verdeutlichen, möchte ich euch hier ein Beispiel für einen Konflikt geben, bei dem es eher um alte Wunden als um die aktuelle Thematik geht: Ein Paar steckt in einem Konflikt. Das Gespräch, das erst mal friedlich begonnen hat, mündet in einen handfesten Konflikt. Während des Konflikts versucht die eine Seite (Person A) vehement die Situation zu klären, um schnell wieder Versöhnung herbeizuführen und Frieden herzustellen. Person A, die sich die Klärung wünscht, ist allerdings noch völlig überladen mit Gefühlen und erkennt nicht, dass das, was als Klärung erscheint, in einen Kampf mündet. Die andere Seite (Person B) wiederum hält den Konflikt nicht aus und ergreift die Flucht, und zwar aus Angst, in dem Kampf zu versagen oder zu verlieren. Dieser Teil will sich schützen und in Sicherheit bringen.

Ein solcher Konflikt fühlt sich krisenhaft an und bindet viel Energie, Kraft und Schmerz. Damit es zwischen dem Paar wieder fließen kann und es in einen positiven Resonanzraum gelangt, in dem sich beide gegenseitig Geborgenheit und Annahme schenken können, braucht es einen tieferen Blick. Es gilt, zu erforschen, was zwischen beiden Beteiligten im Innenleben geschieht.

An diesem Beispiel werden die zwei Pole »Rückzug« und »Kampf« deutlich. Die Person, die kämpft, hofft unbewusst, sie würde auf diese Weise den Konflikt klären. Person A merkt dabei aber nicht, dass die Art und Weise, der Tonfall, die Spannung und die Körperhaltung wenig dazu beitragen. Hier wird die Impulskontrolle teilweise wie ein Lichtschalter einfach ausgeschaltet. Plötzlich sind wir Menschen fähig, die wildesten und verletzendsten Worte über die Lippen zu bringen. Person A empfindet sich oft als der edle Retter oder dem Gegenüber überlegen, weil sie ja bereit ist, so lange die Situation weiterzuführen, bis die ersehnte Lösung naht. Sie hat die Tendenz, sich selbst für die Person zu halten, die mehr investiert und reifer mit dem Konflikt umgeht. Stattdessen hat sie in diesen Momenten nicht die Fähigkeit, sich selbst zu regulieren. Das Bedürfnis nach Klärung und der Wunsch nach Verbindung und Kontakt zum Gegenüber sind hoch und die Frustrationstoleranz gering. Hier passiert etwas Regressives, also Kindliches. Auf einmal verwandelt sich der eine Teil in ein bedürftiges Kind. Eins, dessen Bindungsareale aktiviert werden und das dringend spüren muss, dass die Verbindung noch vorhanden ist.

Person B, die sich zurückzieht, spürt wiederum, dass sie die Spannung nicht mehr halten kann. Sie muss aus dem Ganzen raus, hält es nicht mehr aus. Hat das Gefühl, zu verlieren und sich in Gefahr zu befinden. Sie fühlt sich hilflos und ohnmächtig. Bei der Person, die aus dem Kontakt rausgeht, flieht, die Nähe abwehrt und sich zurückzieht, lässt sich im Gesprächsprozess oft feststellen, dass in der Herkunftsfamilie ein hohes Maß an Kontaktlosigkeit, Gefühlsarmut und Sprachlosigkeit vorgeherrscht hat. Einige Familien sind stark affektisoliert und kontrolliert, Gefühle werden also zugunsten von Scheinharmonie oder falscher Frömmigkeit unterdrückt oder gar verdrängt.

Dieser Rückzug von Person B fühlt sich für den zurückbleibenden Part an wie eine eisige Windböe. Distanz, Ablehnung und Strafe stehen aus der Sicht von Person A plötzlich im Raum. Insofern fühlt sich nun auch die Person, die den Konflikt so vehement lösen wollte, ohnmächtig. Das Gegenüber ist weg. Was nun? Wann kommt sie oder er wieder? Wann ist eine Verbundenheit wieder möglich? Die Worte prallen nur gegen eine Mauer.

Person A begibt sich aber in eine Abhängigkeit. Sie will unbedingt das Band der Verbindung retten und lieber im Konflikt bleiben. Das gibt ihr Kontrolle und Sicherheit. Für sie ist das Fernbleiben und Zurückziehen von Person B unaushaltbar. In diesem Falle kann es sein, dass in der Herkunftsfamilie genau das Gegenteil passiert ist. Konflikte wurden vielleicht sehr impulsiv und intensiv ausgetragen. Womöglich wurde es auch laut oder die ein oder andere Tür wurde zugeknallt. Es kann allerdings auch sein, dass Konflikte vielleicht nicht zu Ende ausgetragen wurden. Vielleicht hat Person A als Kind erlebt, dass ihr nicht zugehört wurde, oder wenn sie nach einem Konflikt Verbindung gesucht hat, wurde sie bestraft, isoliert, weggeschickt, abgelehnt, und die Liebe wurde ihr verweigert. Womöglich hat sie versucht, nach Konflikten Nähe zu den Eltern aufzubauen, und hat zusätzlich erlebt, dass ihr Innenleben mit all den inneren Tränen bagatellisiert und nicht ernst genommen wurde. So hat sie tiefe Verlustängste entwickelt. Der versperrte Weg zum Herzen des anderen kann in der aktuellen Situation nun Wut auslösen. Womöglich wird Person A, die ja eigentlich eine Konfliktlösung anstrebt, immer lauter, immer wütender und redet immer mehr auf die sich zurückziehende Person ein. Die Erfahrungen aus der Kindheit haben also dazu geführt, dass Person A ihr Bedürfnis nach Klärung womöglich nicht mal eben zurückstellen kann.

Dieses Schema zu kennen, kann zutiefst entlastend sein. Zum einen, weil es deutlich macht, dass es vielen Paaren ähnlich geht. Zum anderen, weil es eine Sprache für eine Spannungsdynamik schenkt, über die sich nun hoffentlich leichter sprechen lässt. Auch die Emotionsfokussierte Paartherapie (EFT) kennt zwei Pole. Die dort verwendeten Begrifflichkeiten schaffen ebenfalls hilfreiche Sprachmöglichkeiten, denn die EFT nennt die Pole »Verfolger«[28] (Person A) und »Rückzügler«[29] (Person B).

Nun denkt ihr euch vielleicht: Na toll, jetzt wissen wir, wie unsere Spannungsdynamik abläuft, aber was machen wir damit? Wie ihr diese auflösen und beruhigen könnt, schauen wir uns deswegen gleich als Nächstes anhand eines Schaubildes an.

Das Entlastungsmodell

Dieses von mir konzipierte Entlastungsmodell erklärt, warum eine Pause als nächster und wichtiger Schritt innerhalb eines Spannungsmomentes so essenziell sein kann. Es gilt, für einen Moment aus der Spannung herauszutreten, damit hinterher beide Seiten auf ihre »emotionalen Kosten kommen« und Beruhigung erfahren können.

Was veranschaulicht dieses Modell? Es bezieht sich auf die zwei Pole, die ihr schon kennengelernt habt. Es gibt natürlich auch Paare, die sich hochschaukeln oder die sich beide zurückziehen. Aber tendenziell finden sich Menschen als Paar zusammen, die ein entgegengesetztes Muster haben. Es ist aber wichtig, zu wissen: Die zwei Pole sind nicht festgelegt, sie können also innerhalb von Sekunden fünf Mal hin- und herwechseln oder sich auch über die Jahre wandeln.

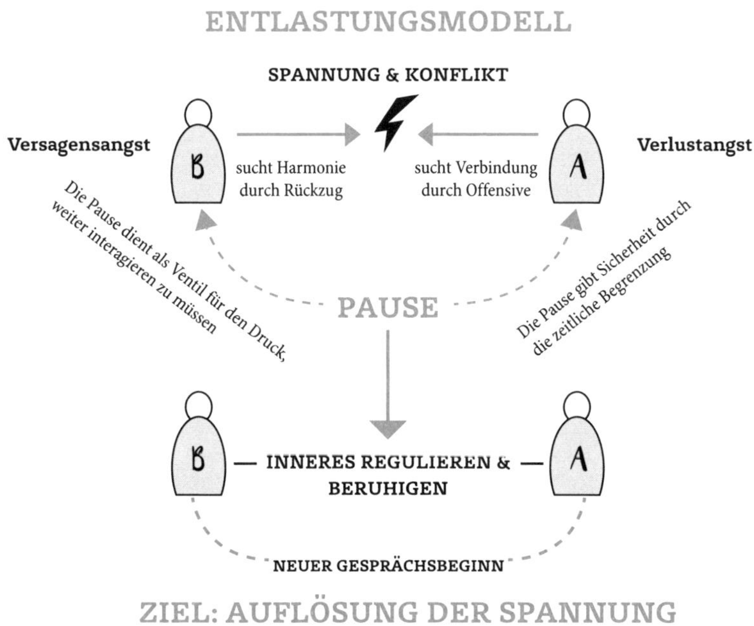

Person A erlebt die Unterbrechungen der Interaktion, auch wenn sie spannungsreich ist, als etwas Bedrohliches, sucht die Verbindung um jeden Preis und geht in die Offensive. Sie leidet unter Verlustangst. Person B sucht Harmonie und fühlt sich hilflos. Sie hat Versagensangst und zieht sich zurück. Ihre Lösung ist die Vermeidung. Das ist verständlich, wenn wir bedenken, dass Menschen nach Lustgewinn und Unlustvermeidung streben. Es sind also normale Triebimpulse. Lustgewinn bedeutet, sich nach dem auszustrecken, was Spaß und Freude in uns anstößt. Unlustvermeidung bedeutet, die weniger schmeichelhaften Affekte zu umgehen.

Affekte beinhalten ein Gemenge aus Stimmungen, Körperreaktionen und Gefühlen. Sprich alles, was sich in uns regt und schwingt.[30] Wenn die Konfrontation als etwas Unlustvolles gesehen wird, wird sie lieber vermieden.

Eine Möglichkeit, mit dieser Situation umzugehen, wäre nun, eine zeitlich klar begrenzte Pause einzulegen. Diese wird mit einem Signalwort eingeleitet, das beide zuvor für solche Szenarien in einem ruhigen Moment verabredet haben. Für beide Seiten ist dies eine faire Lösung. Für Person A bedeutet die Pause durch ihre zeitliche Begrenzung emotionale Sicherheit, denn sie weiß, dass das Gespräch wieder aufgenommen wird. Außerdem lernt Person A die Grenzen von Person B zu wahren und entwickelt einen achtsameren Umgang mit diesen. Das macht die Pause für Person A ertragbar. Für Person B bedeutet es, nicht weiter interagieren zu müssen und ein Ventil für genau diesen Druck, nämlich emotional etwas leisten zu müssen, zu bekommen. Gleichzeitig wird Person B die Angst genommen, zu versagen, weil der Rückzug gemeinsamer Konsens ist.

Beide können die Pause nun nutzen und sich innerlich runterregulieren und durchatmen. Sie können sich bewegen, kurz an die frische Luft gehen, das Fenster öffnen, ein Glas Wasser trinken, die Hände mit warmem Wasser waschen und zur Ruhe kommen. Dann können sie erneut aufeinander zugehen, noch mal ihre Perspektive schildern und versuchen, sich auf die Sichtweise des anderen einzulassen. Es kann hilfreich sein, sich kleine Textbausteine in Form von Notizen für das Gespräch zu machen. Ein paar geordnete Gedanken auf einem Stück Papier, im Tagebuch oder auf der Handy-App können Worte sortieren und dafür sorgen, dass keiner der beiden ungewollt Verletzungen ausspricht.

Ich möchte hinzufügen, dass alles, was in Spannungsmomenten die Situation entschleunigt, hilfreich sein kann. Verlangsamung ist ein wichtiges Prinzip. Innehalten. Kurz atmen. Wiederholen, was man hört. Nachfragen, wie das Gesagte gemeint ist. Fragen, was das Gegenüber braucht. Alles, was das Gespräch, und zwar in zugewandter Art, verzögert, kann funktionieren.

Mein Mann und ich praktizieren seit Jahren ein für uns funktionierendes Modell, in dem wir uns in der Konfliktpause zusätzlich unsere unversorgten Bedürfnisse notieren und dann zurück ins Gespräch gehen. Nicht selten stellen wir fest, dass wir müde oder hungrig sind oder es noch etwas anderes gibt, was in unsere Stimmung mit reingespielt hat. Ein kleiner Disclaimer noch: Auch wenn hier das Beispiel eine komplementäre Eskalation darstellt, was bedeutet, dass beide Seiten sich entgegengesetzt verhalten, funktioniert das Entlastungsmodell mit der Pause auch bei synchroner Eskalation, bei der beide Seiten sich mit dem gleichen destruktiven Verhalten weiter hochschaukeln.[31]

Ich möchte euch Mut machen, dieses Modell einmal auszuprobieren. Die Verabredung einer Konfliktpause bringt Sicherheit und Verlässlichkeit. Verlässlichkeit, weil ihr genau wisst, wie lang die Pause sein wird und dass das Gespräch danach wieder aufgenommen wird. Sicherheit, weil ihr wisst, dass eure Verbindung bestehen bleibt. Paare, die über Jahre dieses Signal ritualisieren, spüren sogar, dass sie sich in den Pausen stark verbunden fühlen. Um genau diese Entlastung als Paar zu erleben, nehme ich euch nun Schritt für Schritt mit. Geht die einzelnen Aspekte durch. So könnt ihr zukünftige Konflikte entlasten.

1. **Euer Begriff:** Vereinbart ein gemeinsames Pausensignal. Das kann »Auszeit«, »Stopp«, »Pause« oder ein anderer Begriff sein.
2. **Euer Zeitrahmen:** Vereinbart in einer konfliktfreien Situation, wie lange eure Pause gehen soll. Fünf Minuten? Zehn Minuten? Eine Viertelstunde?

3. **Verantwortung:** Geht nach eurem Konflikt aufeinander zu. Die Person, die das Pausensignal gerufen hat, macht den ersten Schritt. Nun könnt ihr gemeinsam mit etwas mehr Ruhe über Verletzungen und Wünsche sprechen.

Dieses Modell funktioniert nur, wenn ihr euch wirklich an das Pausensignal haltet und danach nichts mehr kommentiert oder sagt. Erst dann entfalten sich die gewünschte Sicherheit, das Vertrauen und die Entlastung.

Paare, bei denen »alles tutti« ist

Was viele Paare in meinen Sitzungen beunruhigt und innerlich bedroht, sind andere Paare. Andere Paare, bei denen scheinbar alles tutti ist. Es sind die Paare, die ihr System scheinbar am Laufen halten. Wir finden sie in Kirchen, bei Instagram, aber auch in anderen Kontexten unserer sozialen Umgebung. Ich glaube, jeder kennt sie, die Paare, die mit einem zauberhaften Lächeln auf den Lippen beteuern, dass sie wirklich nie Konflikte hätten. Ihnen würde nichts einfallen, an dem sie noch arbeiten oder wachsen könnten.

Lasst mich euch an dieser Stelle beruhigen. Hier braucht es eine Portion Entromantisierung. Diese Romantisierung von Paaren, die behaupten, dass alles tutti laufe und sie nie Konflikte hätten, kann nämlich ein Hinweis darauf sein, dass es doch nicht so rundläuft. Im Gegenteil: Es gibt Paare, die versuchen, nach außen hin zu verbergen, dass es schwierig ist. So können Paare, wenn andere zu Besuch sind, hervorragend funktionieren und sich darstellen, aber kaum sind sie allein, kracht es. Paare können in der Kirche schick angezogene Kinder haben und ihre Partnerin bzw. ihren Partner in der Predigt erwähnen und von ihr bzw. ihm schwärmen, doch zu Hause fallen dann keine wertschätzenden Worte mehr. Paare können sich vor der Kamera fröhlich inszenieren und Empathie und Zuwendung zeigen, um sich eigene Ziele damit zu erfüllen, doch zu Hause herrscht Gefühlskälte. Was wir von außen wahrnehmen, kann also täuschen. Muss es aber natürlich nicht. Es gibt auch Paare, die in aller Aufrichtigkeit ein hohes Maß an Harmonie erleben. Ich persönlich bin allerdings lieber bei Paaren zu Besuch, die sich, auch wenn ich da bin, mal zanken oder reiben, als bei Paaren, die eine heile Welt vorspielen.

Was sich hoffentlich von selbst versteht: Auch David und ich sind als Paar trotz des kognitiven Wissens über Paarbeziehung nicht davor gefeit, knatschig zueinander zu sein, mit unseren Unterschiedlichkeiten uns auch mal verrückt zu machen und im Konfliktgespräch in die eine oder andere Fallgrube zu tapsen.

Im Folgenden habe ich euch sechs Punkte einer »Nach-außen-scheint-alles-tutti-Übersicht« zusammengestellt und erkläre, welche Ursachen sich dahinter verbergen könnten. Sie soll euch entlasten, denn, wie gesagt: Bei den wenigsten Paaren ist wirklich immer alles bestens.

1. **Glaubenssätze:** Diese können uns etwas darüber verraten, was ein Paar über Konflikte denkt und welche Haltung es dazu hat. Glaubenssätze können uns unter Umständen verraten, dass das Paar noch keine Konfliktkultur etabliert und das Gebiet der Konfliktklärung noch nicht weiter bereist hat. Ein Glaubenssatz, der sich oft unter Christinnen und Christen findet, ist das romantisierte Narrativ einer konfliktfreien Ehe. Immer wieder erlebe ich Paare, die Angst haben, sich durch Konflikte zu »versündigen«. Der Druck, etwas augenscheinlich Falsches zu tun, ist zu hoch. Ein Kon-

flikt darf dann auf keinen Fall vor anderen stattfinden oder banale Alltagsreiberein werden mit falscher Frömmigkeit im Gewand der Heiligkeit ummantelt. Wenn Paare dann plötzlich in ihren Partnerschaften vor Konflikten stehen, fehlen ihnen Handlungsalternativen, Tools und die Kompetenz, ihre Wünsche zu formulieren. Das romantisierte Narrativ, in dem sie jahrelang gelebt, sich hineinfantasiert haben, droht nun zu platzen. Da, wo die zarten Grautöne fehlen, da, wo nicht der ganze Mensch wahrgenommen wird, da, wo alle eine von außen geprägte Meinung haben und Unterschiede keinen Raum einnehmen dürfen, verpassen manche Kirchen, Menschen konfliktfähig für ihr Miteinander zu machen. Paare dürfen diesen Glaubenssatz der heiligen Ehe, die keine Verletzungen kennt, über Bord werfen und sich stattdessen verwundbar machen und Mut fassen, sich einander zu zeigen. Gar nicht so einfach, denn etlichen Paaren in Kirchen bleibt nichts anderes übrig, weil sie durch Konflikte in ihrer Ehe Positionen, Mitarbeitsbereiche und Teilhabe riskieren. Doch echte Ehevorbilder sind unperfekt. Sie sind nahbar. Sie machen Fehler und stehen dazu.

2. **Unter den Teppich kehren:** Aus Angst, das Konstrukt der gemeinsamen Verbindung durch ein Störsignal zu bedrohen, kehren Paare ihre Themen unter den Teppich. Das Problem dabei ist, dass das kleine feine Häufchen immer größer wird und bald zu einer echten Stolpergefahr werden könnte.
3. **Bequemlichkeit:** Es kann sein, dass Paare zu bequem dafür sind, miteinander zu verhandeln und ins Gespräch zu kommen. Um einen Konflikt zu lösen oder einen Bereich anzusprechen, der Unzufriedenheit auslöst, bedarf es emotionales Engagement. Ein Paar muss bereit sein, dieses Engagement zu zeigen.

4. **Wenig Wachstum:** Ein kurzer Blick in die Fachliteratur und schnell wird deutlich, dass Konflikte Saatböden für Wachstum sind und für die Entwicklungsaufgaben als Paar bedeutsam sein können. Konflikte sind ein »folgerichtiger Ablauf«[32]. Krisen und Konflikte miteinander durchzustehen kann Paare stärken, sie resilient, also widerstandsfähiger, machen und ihnen zeigen, dass sie auch Stürme überwinden können. Paare, die gemeinsam auf Konflikte blicken, lernen sich dabei gegenseitig intensiv kennen und wachsen gemeinsam. Wenn Paaren diese gemeinsame Kompetenz fehlt, verpassen sie die Chance, als Paar weiter zu reifen und als eigenverantwortliche Personen zu wachsen.
5. **Hilflosigkeit:** Es gibt Paare, die haben von Anfang an nicht gelernt, miteinander Konflikte zu lösen. Vielleicht gab es einen Part, der anfangs bereit war, Konfliktgespräche zu führen. Doch wenn der andere Part nicht bereit ist, sich verletzlich zu machen und sich zu öffnen, wird es für das Gegenüber über kurz oder lang fast unmöglich, in die Tiefe zu gehen. In solchen Beziehungen scheint vielleicht alles tutti, aber in Wirklichkeit machen die jeweiligen Beteiligten viel mit sich allein aus und fühlen sich hilflos.
6. **Unterdrückte Bedürfnisse:** Viele Paare halten ihre unversorgten Bedürfnisse zurück und haben sich in einer Beziehungsdynamik zurechtgeschaukelt, die im Grunde schräg ist. Sie haben keine gesunde Balance zwischen Selbstständigkeit und Abhängigkeit.[33] Auch gibt es Paare, die in völliger Symbiose miteinander verschmelzen. Solche Paare führen einen Lebensstil, der im Übermaß alles miteinander teilt und erlebt. Es gibt aber auch Paare, bei denen die Überschneidungen fehlen und die nebeneinanderher leben. In anderen Partnerschaften wiederum investiert eine Seite

viel und wird zum Helferling und die andere Person zum Pflegling.[34] Nach außen wirkt es, als ob es keine Konflikte gibt, aber die Konstellation kann zu ungesunden Verstrickungen führen, in denen das Geben einseitig bleibt. Bei anderen Paaren wiederum lässt sich ein Ungleichgewicht im Selbstwertgefühl feststellen, die sogenannte Gleichwertigkeitsbalance.[35] Hier lernt ein Part, sich den Wünschen und Vorstellungen der anderen Seite ständig anzupassen, damit Konflikte nicht aufflammen, und verliert dabei Stück für Stück immer mehr die eigene Individualität. Solche Paare durchlaufen das Programm dieser Muster immer wieder, merken es aber nicht. Über kurz oder lang stellt sich eine Unzufriedenheit ein.

Übungsfeld: Euer Konflikt-Check-up

Mit dieser Tabelle könnt ihr euer Verhalten im Konflikt mal genauer unter die Lupe nehmen. Womöglich kommt euch das ein oder andere bekannt vor. Kopiert die Seite am besten und kreuzt, jeder für sich, spontan an, wie ihr euch selbst einschätzen würdet. Mit einer anderen Farbe könnt ihr zusätzlich euer Gegenüber einschätzen. In diesem Fall empfehle ich, das vorher gemeinsam genau abzusprechen, damit es behutsam zugeht und es nicht in gegenseitigen Vorwürfen endet.

Frage	nie	selten	manchmal	oft	meistens
Schätze ich es wert, dass mein Gegenüber sich mitteilt?					
Ermutige ich mein Gegenüber, die eigene Sicht zu schildern?					
Lenke ich ab und wechsle mitten im Konflikt unmittelbar das Thema?					
Schaue ich meinem Gegenüber in die Augen?					
Gehe ich unangekündigt aus dem Gespräch oder Konflikt?					
Reagiere ich regungslos?					

Frage	nie	selten	manch-mal	oft	meis-tens
Halte ich mich mit gewissen Informationen bedeckt?					
Sind meine Aussagen eher diffus und ermöglichen sie falsche Interpretationsräume?					
Ist meine oberste Haltung, mein Gegenüber zu verstehen?					
Betrachte ich die Worte meines Gegenübers als wichtige Information für unser Beziehungsleben?					
Werde ich laut?					
Höre ich dem Gesagten zu?					
Spreche ich unfaire Zuschreibungen aus?					
Nutze ich Schwachpunkte des anderen aus?					
Schaffe ich einen vertrauensvollen Raum für Verletzlichkeit?					

Frage	nie	selten	manchmal	oft	meistens
Vergleiche ich meine Partnerin bzw. meinen Partner mit anderen Personen oder Familienangehörigen?					
Nutze ich verachtende und abwertende Worte?					
Schüchtere ich meine Partnerin bzw. meinen Partner ein oder verängstige ich mein Gegenüber?					
Verändert sich meine Stimme oder Stimmlage?					
Krame ich Altes hervor?					
Spreche ich Drohungen oder Erpressungen aus?					
Gehe ich über zu angriffsvollen Manövern?					
Spreche ich über meine Gefühle?					
Teile ich meine Gedanken mit?					

Frage	nie	selten	manch-mal	oft	meis-tens
Möchte ich recht haben?					
Kommuniziere ich unterwürfig oder beschwichtigend?					
Bin ich harmonie-süchtig?					
Rede ich Anliegen meines Gegenübers klein?					
Ist mir bewusst, dass es selten um den Inhalt, sondern um die Gefühle, die im Raum sind, geht?					
Vermeide ich Konflikte, weil mich Gefühle überfordern?					

Tauscht euch über eure angekreuzten Felder aus. Vielleicht erkennt ihr Muster oder könnt über eine vergangene Konfliktsituation mit etwas Abstand noch mal reflektieren und verstehen, welche Verhaltensweisen euch nicht weitergeholfen haben. Sagt Ja zu einem neuen Verhalten. Überlegt euch einen klitzekleinen Schritt, und nehmt euch vor, miteinander noch zugewandter und einfühlsamer schwierige Spannungen zu meistern.

Tipps für gelingende Kommunikation

An dieser Stelle möchte ich euch noch mal meine wichtigsten Tipps für eine gelingende Kommunikation mit auf den Weg geben. Ich empfehle sie nicht nur den Paaren, sondern habe sie in meiner Ehe sozusagen selbst erprobt. Deswegen weiß ich auch: Es bedarf der Übung. Aber Dranbleiben lohnt sich!

1. Vereinbart in einem ruhigen Moment ein Pausensignal für die Situationen, wenn es brenzlig wird.
2. Mitten in der Nacht ist kein guter Zeitpunkt für hitzige Themen.
3. Wählt geschützte und störungsfreie Orte aus.
4. Hört wirklich zu.
5. Lasst einander ausreden.
6. Verlangsamt: Fasst das Gesagte in Worte und rückversichert euch, ob ihr es richtig verstanden habt.
7. Achtet auf genug Schlaf und ausreichend Essen.
8. Nutzt Ichbotschaften. Sätze wie »Ich finde, dass du …« sind ein No-Go.
9. Vermeidet in Konfliktgesprächen Wörter wie »immer« und »alles«.
10. Bleibt neugierig auf den anderen.
11. Recht haben zu wollen, hilft nicht weiter.
12. Seid ehrlich und bejaht oder verneint nichts, was nicht wahr ist.

Das HAI-Barometer (Häufigkeit – Auflösung – Intensität)

Nun möchte ich euch noch eine weitere von mir entwickelte Methode aus der Paartherapie vorstellen. Ich benutze sie sehr gern, da sie simpel ist und das subjektive Empfinden des Paares in den Mittelpunkt stellt. Nachdem ich immer wieder Paare dahin gehend beraten habe, wie sie mit Konflikten umgehen können, sind mir diesbezüglich drei Leidensdruck-Kategorien aufgefallen:

- die Häufigkeit von Konflikten,
- die Auflösung der Konflikte,
- die Intensität der Konflikte.

Der Bereich, in dem ein Paar die größte Unzufriedenheit spürt, könnte ein Anlass für ein Gespräch sein oder ein Hinweis darauf, dass es sich lohnt, dort genauer hinzuschauen.

Übungsfeld: Euer persönliches HAI-Barometer

Ich empfehle euch sehr, das HAI-Barometer einmal auszuprobieren. Kopiert es euch oder übertragt es jeweils in euer persönliches Notizbuch und füllt es einzeln aus. Überlegt euch, jeder für sich, wie ihr eure Zufriedenheit in dem jeweiligen Bereich empfindet.

Häufigkeit von Konflikten

Trage auf einer Skala von 1 bis 10 ein, wie belastend du die Häufigkeit eurer Konflikte empfindest.

(10 = maximal belastend; 1 = gar nicht belastend)

1 2 3 4 5 6 7 8 9 10

Erklärung: Natürlich ist das eine sehr individuelle Wahrnehmung. Es gibt Paare, die dreimal im Monat in brisante Spannungen geraten und dies als hohe Belastung empfinden. Auf der anderen Seite gibt es Paare, die täglich spannungsreiche Sequenzen erleben und dies nicht als belastend bewerten. Hier geht es um dein subjektives Empfinden.

Auflösung der Konflikte

Trage auf einer Skala von 1 bis 10 ein, wie zufriedenstellend du die Auflösung eurer Konflikte empfindest.

(10 = stark unzufrieden; 1 = sehr zufrieden)

1 2 3 4 5 6 7 8 9 10

Erklärung: Mit Auflösung der Konflikte ist das Gespräch nach dem Konflikt gemeint. Empfindest du die Klärung auch im Nachhinein noch als abgeschlossen? Oder haltet ihr euch den Konflikt nach der Klärung noch weiter gegenseitig vor? Kehrt wieder Ruhe ein? Fühlt sich der Konflikt noch immer belastend für dich an? Ist noch etwas offengeblieben, das unterdrückt wurde?

Intensität der Konflikte

Trage auf einer Skala von 1 bis 10 ein, wie belastend du die Intensität eurer Konflikte empfindest.

(10 = maximal belastend; 1 = gar nicht belastend)

1 2 3 4 5 6 7 8 9 10

Erklärung: Mit der Intensität der Konflikte sind die Energie und die damit einhergehenden schmerzvollen Gefühle gemeint. Wie stark nimmst du die verletzenden Gefühle wahr? Wie erschlagend und schwer zu bewältigen fühlt sich der Konflikt für dich an? Die Intensität bezieht zudem auch das Maß der Eskalation. Ein Konflikt kann beispielsweise größer werden und das eigentliche Thema verlassen und sich über weitere Beziehungsthemen erstrecken. Auch hier gilt: Es gibt Paare mit Temperament, die Intensität genießen und sie als verbindend erleben. Hier mag die Intensität höher sein, aber die persönliche Bewertung des Leidensdrucks niedriger ausfallen. Das ist völlig in Ordnung, da es um die persönlichen Erlebensmuster geht.

Ich hoffe, ihr konntet euch frei fühlen und wirklich das ankreuzen, was ihr empfunden habt.

Welcher Bereich hat sich herauskristallisiert? Möglicherweise seid ihr zu unterschiedlichen Ergebnissen gekommen. Auch das ist völlig normal. Wichtig ist, dass ihr euch intensiv über eure Ergebnisse austauscht und versucht zu verstehen, was euer Gegenüber belastet. Allein das kann euch schon weiterhelfen.

Damit ihr dranbleiben könnt, habe ich für euch weitere Impulse verfasst, um mit Konflikten umzugehen. Wie immer gilt: Ihr wählt aus, was ihr aktuell braucht. Wenn ihr merkt, dass ihr zu zweit nicht weiterkommt, dann habt den Mut, euch professionelle Unterstützung zu holen.

Der Weg zu weniger Konflikten

Hier braucht es eine etwas paradoxe Intervention. Ich stelle euch also nun eine provokante Frage: Wovon bräuchte es im Alltag mehr, um mehr Spannung zu erzeugen?

- Braucht es mehr Termine oder mehr Stress?
- Braucht es noch weniger körperliche Nähe?
- Braucht es mehr Gespräche über heikle Themen?
- Braucht es Treffen mit den Eltern bzw. Schwiegereltern?
- Braucht es mehr Momente, in denen ihr Wünsche für euch behaltet?
- Braucht es mehr berufliche Ziele?
- Braucht es mehr ehrenamtliches Engagement?

Im Umkehrschluss wisst ihr dann, wovon es wahrscheinlich weniger braucht und wo ihr erste Veränderungsschritte gehen könntet.

Versöhnen und reparieren

Wenn es vor allem darum geht, dass sich der Konflikt nicht so richtig abgeschlossen anfühlt, kann es sein, dass es sich lohnt, eine gemeinsame Versöhnungskultur aufzubauen. Es geht um eine innere Reparatur. Wie kann die Verletzung heilen? Mein Mann und ich haben vor einigen Jahren ein kleines Versöhnungsritual etabliert. Ich habe es bereits erwähnt: Wir geben uns am Ende die Entschuldigungshand, wie wir sie nennen, schütteln diese und schauen uns dabei in die Augen. Der Konflikt ist damit abgeschlossen. Dieses Ritual tut uns gut. Die Frage ist nun: Was tut euch gut?

Als kleine Hilfestellung habe ich euch hierfür ein paar Fragen zusammengestellt. Sie können euch dabei unterstützen, euch in euer Gegenüber hineinzufühlen sowie Klarheit darüber zu erlangen, was ihr braucht, damit die gemeinsame Reparatur gelingt und ihr eine Entschuldigung annehmen könnt. Schaut euch danach die Tabelle an und erkennt Stück für Stück, was euch jeweils guttut.

- Womit habe ich mein Gegenüber verletzt?
- Was fühlt mein Gegenüber womöglich?
- Welche schmerzlichen Botschaften und Gedanken hat mein Verhalten wohl vermittelt?
- Was möchte ich ändern und welche konkreten Vorschläge habe ich?
- Was möchte ich inhaltlich richtigstellen?

Nach einem Konflikt …	… brauche ich	… brauche ich eher nicht
eine ausführliche Entschuldigung		
einen Entschuldigungsbrief		
eine lange Umarmung		
einen konkreten Vorschlag von meiner Partnerin bzw. meinem Partner, wie sie bzw. er das eigene Verhalten ändern kann		
ein Wiedergutmachungsgeschenk		
dass meine Partnerin bzw. mein Partner aufzählt, was mich genau verletzt hat und wie sie bzw. er dazu beigetragen hat		
eine kleine Liebeserklärung durch Worte, um wieder zu wissen, dass ich geliebt bin		

Belastungen in der Paarbeziehung

In die meisten der im Folgenden genannten Themen mischen sich unterschwellig grundlegende Konflikte. Fryszer und Schwing zählen in ihrem Lehrwerk verschiedene Dynamiken auf, die zu Spannungen in Paarbeziehungen führen können:

- das Verhältnis von Bindung und Autonomie,
- das Verhältnis von Geben und Nehmen und
- das Verhältnis von Leiten und Folgen.[36]

Die Fragen dahinter sind oft: Wer passt sich mehr an? Wer bestimmt mehr? Wer gibt mehr? Wer nimmt mehr? Wer will mehr Nähe? Wer grenzt sich mehr ab? Diese Themen mischen sich mit inhaltlichen Themen. Was Paare diesbezüglich belastet, kann ganz unterschiedlich aussehen:

- **Enttäuschung über die Prioritätensetzung der Partnerin bzw. des Partners:** Arbeit, Hobbys oder andere Freundschaften ermöglichen kein Paargeschehen mehr.
- **Sexualität in ihrer Vielschichtigkeit:** Die Vorstellungen über die Häufigkeit gehen auseinander. Wünsche zum Beispiel nach Stellungen oder dem Ausleben von Fantasien werden nicht angesprochen.
- **Uneinigkeit über die Gestaltung von Urlaub und Entspannung:** Wenn Wünsche und Ideen kollidieren und eine Seite immer wieder zurücksteckt, kann es dazu kommen, dass eine Disbalance entsteht.
- **Das Handhaben von Finanzen:** Wenn sich unterschiedliche finanzielle Ziele und Gewohnheiten treffen, eine Seite

zum Beispiel sparsam und die andere eher ausgabefreudig ist, kann es zu Spannungen kommen.

- **Wohnorte und Wohnraum:** Es kann bei einem Paar Uneinigkeit darüber herrschen, ob es lieber nah an einer der Herkunftsfamilien, wohnen möchte oder doch eher weiter weg. Wohnung oder Haus? Stadt oder Land? Wie wird das Zuhause eingerichtet? Alle diese Fragen bergen Konfliktpotenzial.
- **Finanzielle Not und Armut:** Wenn immer wieder die Frage im Raum steht, wie viel man sich leisten kann, welche Nahrungsmittel in den Kühlschrank dürfen, wer wie viel für sich ausgeben darf oder was in Spaß, Kleidung, Urlaub, Bildung und Geschenke investiert wird, kann dies eine Beziehung belasten.
- **Prüfungsphasen:** Stress und Druck in der Ausbildung oder im Studium können dazu führen, dass ein Part emotional abwesend oder überfordert ist, die Nerven schneller blank liegen oder nicht genug Zeit für die Partnerin bzw. den Partner hat.
- **Verlust:** Der Tod eines nahen Angehörigen, einer Freundin bzw. eines Freundes oder Familienmitgliedes, eine Fehlgeburt oder eine Todgeburt können eine Beziehung auf die Belastungsprobe stellen.
- **Unerfüllter Kinderwunsch:** Der Umgang mit unerfülltem Kinderwunsch kann ein Paar vor enorme Herausforderungen stellen: Vielleicht geht die eine Seite anders damit um als die andere. Das Paar muss sich neu ausrichten oder über andere Möglichkeiten von Elternschaft nachdenken.
- **Belastungen durch die Herkunftsfamilie:** Liegt eine Überidentifikation mit der Herkunftsfamilie vor, kann es bei-

spielsweise dazu kommen, dass eher die Herkunftsfamilie bei Entscheidungen zurate gezogen wird anstatt die Partnerin bzw. der Partner. Vielleicht möchte ein Part auch stärker den Erwartungen und Vorstellungen der Eltern entsprechen, anstatt die Bedürfnisse der Partnerin bzw. des Partners oder der eigenen Kinder zu berücksichtigen. Es kann auch dazu kommen, dass eine Seite alte Dysfunktionen wiederholt, indem sie beispielsweise Konfliktgespräche vermeidet oder Gesprächen über Gefühle aus dem Weg geht.

- **Ein Verhältnis, das ans Licht kommt:** Wenn das Für-wahr-Geglaubte erschüttert wird, ein Vertrauensbruch vorliegt und der eigene Exklusivitätsanspruch durch das Verhalten der Partnerin bzw. des Partners infrage gestellt wird, kann das für eine Beziehung eine enorme Zerreißprobe sein.
- **Pflege eines Angehörigen:** Vor allem dann, wenn die Beziehung zu der pflegenden Person durch Kindheitserfahrung schwer belastet ist, kann die Pflege einer solchen Person zu einer großen emotionalen Belastung führen.
- **Erziehungsthemen:** Der Umgang mit Kindern unterschiedlichen Temperaments oder eine generelle Uneinigkeit in Themen der Erziehung kann zu Konflikten führen.
- **Mental Load und Verteilung von Care-Arbeit und Erwerbsarbeit:** Die unsichtbare Last des Dran-denken-Müssens im Alltag, das stetige Aushandeln und Verteilen von Fürsorgearbeiten im Haushalt und in der Kindererziehung, darüber hinaus die Belastung durch die Arbeit, die die Existenz sichert, all dies kann eine Beziehung herausfordern.
- **Beziehung zu den Schwiegereltern:** Wenn ein Part sich immer wieder gegen emotionale Übergriffe und die Einmischung seitens der Schwiegerfamilie wehren muss, wird es schwer. Dies kann zu Loyalitätskonflikten und dem Wunsch

führen, die Partnerin bzw. der Partner möge sich auf die Paarseite stellen.

- **Ungleichgewicht von Selbstwirksamkeit:** Ein Paar strebt in der Regel nach einem Gleichgewicht im eigenen Selbstwertgefühl. Wenn dieses nicht vorliegt und in der Folge eigene Ziele nicht umgesetzt werden können, kann dies herausfordernd sein.
- **Frühere Traumata:** Unbearbeitete oder reaktivierte Traumata können das Zusammenspiel als Paar blockieren oder hemmen. Sucht euch in diesem Fall therapeutische Hilfe.

Konfliktjournal – you've got this!

Hier stelle ich euch das Konfliktjournal vor. Es kann langfristig helfen, immer wiederkehrende Dynamiken wahrzunehmen und eine andere Perspektive auf sie zu erhalten. Auf lange Sicht rutschen die Auslöser so ins Bewusstsein. Die einzelnen Eintragungen ermöglichen es, sich in das Gegenüber einzufühlen. Ein Konfliktjournal kann also eine echte Entwicklungschance für die Beziehung sein. Mithilfe des Journals gilt es, folgenden Fragen auf die Spur zu kommen:

1. Was ist passiert?
2. Wie ist es euch vorher ergangen?
3. An welchem Punkt hätte einer von euch aussteigen können?
4. Was war der Auslöser?
5. Welche Gefühle kamen in euch hoch?
6. Welches Bedürfnis hattet ihr im Konflikt?
7. Welche Bedürfnisse und Gefühle hatte euer Gegenüber?

Konflikte können, wenn sie vermehrt auftreten, uns zutiefst verunsichern und irritieren. Manchmal hängen wir fest. Dabei hilft es oftmals schon, zu wissen, dass wir sie auflösen können. Damit dies gelingt, müssen die Gefühle und die dahinterliegenden unversorgten Bedürfnisse verstanden werden. Häufig stehen Situationen lediglich als Stellvertreter für Muster, die sich eingebürgert haben. Ein Konflikttagebuch kann helfen, die eigene Konfliktkultur zu analysieren, indem es einen Zugang zu sich und dem Gegenüber schafft. Um Muster zu erkennen, reicht es schon, einige wenige Konflikte, die in Folge stattgefunden haben, zu notieren. Es sollte von jedem persönlich ausgefüllt werden. Wichtig ist, dass dabei kein Schritt ausgelassen wird.

Übungsfeld: Euer Konfliktjournal

Kleiner Tipp vorweg: Nehmt den Druck raus. Entscheidet euch, zunächst nur drei bis vier aufeinanderfolgende Konflikte einzutragen, und zwar jeder für sich. Nehmt dann gemeinsam eine neue Standortbestimmung vor. Denn: Es geht nicht darum, in einem Konflikt alles richtig zu machen. Es geht darum, wie ihr nach dem Konflikt aufeinander zugeht, ob ihr euch wirklich austauscht und den anderen mehr und mehr in seiner Persönlichkeit versteht. Wenn das passiert, gewinnt eure Beziehung an Tiefe und ihr wachst stärker zusammen. Die Begegnung danach, der Austausch über das Erlebte, setzt euch innerlich in Bewegung. Es verändert euch und von dieser Veränderung profitiert ihr im nächsten spannungsreichen Moment.

Was ist wann wo passiert? Was war der genaue Inhalt?	
Wie ging es mir im Vorfeld des Konfliktes?	
Was war der genaue Auslöser?	
An welchem Punkt hätte ich aussteigen können?	
Wie habe ich mich gefühlt?	
Welche Bedürfnisse hatte ich?	
Welche Bedürfnisse hatte mein Gegenüber?	
Wie hat sich mein Gegenüber gefühlt?	
Welchen Spitznamen würde ich dem Konflikt geben?	

Geistliche Intimität – Gebet als Schlüssel

Ich möchte dieses Kapitel mit einem Thema schließen, das mir persönlich sehr wichtig ist, denn dieses Buch soll nicht nur ein Ratgeber, sondern auch ein Wegbereiter sein und euch näher in Gottes Gegenwart bringen. Bei Gott zu sein, ist mein pures Glück. Kein Ort, kein Gedankenraum, kein Mensch kann in mir das füllen und sättigen, was ich bei ihm finde. Er ist ein Schenker. Er greift zu seiner üppig gefüllten Gießkanne und bewässert meine Seele. Ja, seinen ganzen Geschenkeregen lässt er großzügig über mich und euch fallen. Gerade deshalb habe ich Respekt vor diesem Text zum Thema Gebet. Denn das, was Gott für eure Ehe tun kann, ist weitaus größer und prachtvoller als alles, was wir aus eigener Kraft je tun könnten. Dennoch liebt er es, wenn wir uns mit Ehe auseinandersetzen, wenn wir an unserer Kommunikation arbeiten, wenn wir Themen ins Bewusstsein bringen und nicht ruhen, sondern seine Liebe nachahmen wollen.

Sich nach Konflikten oder sogar währenddessen ins Gebet zu stürzen, wäre die Crème de la Crème der Konfliktbewältigung. Es ist eine besonders intensive Form der geistlichen Intimität, sich in den Momenten, in denen man eigentlich nur sich als Paar sieht, gemeinsam Gott zu öffnen. Im Gebet begibt man sich in einen Erfahrungsraum der Güte und Nachsicht. Dieser Königsweg ist wahrhaftig eine geistliche Disziplin und kann herausfordernder als eine Doktorarbeit sein, denn sie ist gleichbedeutend mit einem Kontrollverlust: Man gibt den Wunsch auf, recht zu haben.

Ich glaube nicht daran, dass wir Ehekonflikte »wegbeten« und die ganze Verantwortung bei Gott lassen können, aber ich glaube an Buße. Ich glaube daran, dass wir vor Gott kommen und eine zutiefst verändernde Erfahrung machen können. Gerade weil die

Ehe ein heiliger Bund ist, haben Verletzungen und Vergehen eine geistliche Dimension. Versöhnung und Vergebung färben sich in neuen Farben. Man bittet nicht mehr nur die Partnerin bzw. den Partner um Entschuldigung, sondern man bringt im Gebet miteinander dem himmlischen Vater all das, wo man sich dem anderen gegenüber unangemessen verhalten hat. Im Gebet kann man Gottes Gnade schmecken und in der heiligen Gegenwart Gottes die eigene Betroffenheit zulassen. Das durchdringt das Innerste so viel mehr als jede Methode, die man einüben kann.

Probiert es aus. Sprecht ein gemeinsames Gebet. Wascht euch die Füße wie Jesus seinen Jüngern oder nehmt gemeinsam Abendmahl und seid bewusst Teil der Familie Gottes. Lasst euch ein auf eine geistliche Intimität als Paar und lasst euch von Gott persönlich überraschen. Ihr dürft euch als Paar durch die Gemeinschaft mit ihm erfrischen lassen.

Biografische Spuren: Den Rucksack auspacken

Die Wollknäuel in die Hand nehmen

Wir alle haben nicht nur persönliche Erinnerungen an unsere Kindheit, nein, sie prägen uns oft auch in unterschiedlichem Maße. Immer wieder genieße ich die Gespräche mit Freundinnen und Freunden oder auch Ratsuchenden, die mir bunte und fröhliche Geschichten aus ihrer Kindheit erzählen. Mein Herz geht dann auf und ich freue mich von Herzen mit ihnen, dass sie in einem heilen Zuhause und in liebevollen Beziehungen aufgewachsen sind. Doch nicht nur unser Zuhause, auch unsere Freundschaften oder die Umstände, in denen wir aufgewachsen sind, beeinflussen unseren Lebensweg.

Manchmal scheint es mir fast so, als ob Personen, die weniger Leid erlebt haben, dazu neigen, auch die Strukturen ihrer Herkunftsfamilie weniger zu reflektieren. Diese Strukturen, genauso wie die früheren Freundschaften und Umstände, in den Blick zu nehmen, ist aber eine Grundvoraussetzung für jeden, um selbstbestimmt die eigene neue Familie bzw. Paarbeziehung zu gestalten.

Ich möchte euch in diesem Kapitel nun einladen und dazu ermutigen, einen intensiveren Blick auf eure bisherige Lebensspur zu werfen. Schaut zum einen auf die Momente, in denen euer Zuhause, eure Schule, ein Freund oder eine Freundin, eure Kirche oder euer Verein euch in euren Gaben gefördert hat. Betrachtet die Momente, in denen ihr Trost erfahren und Freude und Erfolge erlebt habt. Denn natürlich prägen uns nicht nur die schweren Momente, sondern auch die guten und schönen. Es soll in diesem Kapitel aber auch um das Schwere und Verworrene gehen, das, was ihr vielleicht nicht sofort greifen könnt.

Vielleicht können wir uns unsere Lebensgeschichte auch wie einen Haufen Wollknäuel vorstellen, der unter Umständen ziemlich verheddert ist. Die einzelnen Wollknäuel mit ihren Wollfäden stehen dabei für all das, was wir erlebt und durchlebt haben. Dieser Zustand frustriert uns, denn wir wollen die Fäden ja gern nutzen. Doch ist es nicht so, dass wir meist mittendrin stecken in den akuten Belastungen des Alltags, womöglich auch in Konflikten? Wie gern wollen wir die Fäden unseres Lebens in die Hand nehmen und unser Leben selbst steuern. Doch dafür müssen wir schauen, an welcher Stelle die einzelnen Wollknäuel verheddert sind. Also nehmen wir uns Zeit und schauen uns den Wollhaufen an, Knäuel für Knäuel, Faden für Faden. Und dabei entdecken wir große und kleine Knoten. Vielleicht entdecken wir sogar Fäden, die da gar nicht hingehören, Fäden von anderen Menschen, die in unser Leben eingedrungen sind und unsere Grenzen überschritten haben. Womöglich haben wir Beziehungserfahrungen in unserer Herkunftsfamilie gemacht, die Spuren hinterlassen haben. Dann ist es dran, vielleicht auch mit Hilfe, diese Knoten zu lösen. So gehen wir Knoten für Knoten vor. In diesem Prozess des Enthedderns stellen wir vermutlich fest, dass uns vieles nicht bewusst war. So schaffen wir einen neuen Zugang zu uns und kommen mit unserem Selbst in Kontakt. Für unsere Wollknäuel brauchen wir Zeit.

Auf dem Weg zum Seelenfrieden

Verhedderte Wollknäuel kenne ich aus meinem Leben nur zu gut. Ironischerweise wurde ich als Teenie von Lateinlehrkräften in der Schule immer wieder mit der etymologischen Bedeutung meines Namens konfrontiert. Bis ins Erwachsenenalter kamen immer wieder wildfremde Personen auf mich zu und erklärten mir: »Wusstest du, dass dein Name ›Zorn‹ oder ›Wut‹ auf Latein bedeutet?« Danke für den Hinweis. Schön, dass es noch wer loswerden muss. Ich schämte mich, dass diese Worte sich in meinem Namen wiederfanden.

Gleichzeitig fand ich irgendwann eine weitere Bedeutung heraus. Im Griechischen bedeutet Ira »Frieden«. Wow. Ich war zutiefst gerührt. Nun scheinen Wut und Frieden jedoch dicht beieinanderzuliegen. Gott wusste, dass Frieden ein Zustand ist, der einer Reise bedarf, und heute bin ich stolz darauf, beide Wörter in meinem Namen zu tragen. Ich musste einem tiefen Frieden nacheifern. Lange fühlte ich mich durch meine fehlende heile Familie zerbrochen. Ich setzte mich damit auseinander, welche Wege mir geebnet wurden und durch welche ich beschnitten wurde. Was wurde mir verwehrt? Ich spürte, dass ich mir nichts sehnlicher als Frieden innerhalb meines Elternhauses, Frieden zwischen den zwei Familien meiner Eltern wünschte. Die Bibel sagt nicht umsonst: »[…] suche Frieden und jage ihm nach!« (Psalm 34,15a; LUT 2017). Friedensgrüße und Jagdzüge scheinen in diesem Vers Händchen zu halten. Gott weiß genau, warum er vom Jagen spricht, denn wenn wir nicht auf der Hut sind, dann verschwindet unser Frieden. Er entgleitet uns schneller, als wir gucken können. Eine Jagd ist ein Kampf. Wir sind auf der Lauer. Er kostet uns Kraft. Er ist kein Spaziergang, keine gemütliche Reise. Vielmehr ein Feldzug. Gott weiß, durch welchen Prozess wir hindurchmüssen. Dieser Vers ist aber auch eine Zusage. Der Dualismus, der sich darin verbirgt, schenkte mir einen neuen Blick: Ich brauche Wut, um Frieden zu erlangen. Wie heilsam und tief sind Gottes Weisheiten. Ich staune!

Folgender Bibelvers raubt mir immer wieder den Atem. Er zeigt mir, dass Gott für uns kostbare Verheißungen in Form von Frieden bereithält. Ja, er verspricht uns Frieden in Fülle.

> Denn ich allein weiß, was ich mit euch vorhabe: Ich, der HERR, habe Frieden für euch im Sinn und will euch aus dem Leid befreien. Ich gebe euch wieder Zukunft und Hoffnung. Mein Wort gilt!
> *Jeremia 29,11*

Gott möchte die Stürme, die in unserem Außen toben, still werden lassen, möchte auch unser Inneres ohne Schmerz und Leid wissen. Echter Frieden ist ein heiliges Geschenk. Die Bibel sagt, dass er unsere Sinne übersteigt (vgl. Philipper 4,7). Wenn dieser Friede sich in uns ausbreitet, dann verändert er unser Herz und unsere Gedankenwelt.

Impulse zur Selbstreflexion

Über viele Jahre hinweg habe ich mich mit meiner Herkunftsfamilie auseinandergesetzt. An manchen Tagen staune ich noch heute, wie Gott mich damals getragen hat, als ich im Frauenhaus lebte, wir eine Zeit lang vom Bürgergeld leben mussten oder als ich meinen Vater als Kind unter Aufsicht einer Sozialarbeiterin traf. Mir war klar, dass ich mich diesen und vielen weiteren Erlebnissen und was sie mit mir gemacht haben, stellen musste. Manchmal verging mir jedwede Lust, doch es führte kein Weg daran vorbei. Wenn ich das Erlebte, die Muster und Strukturen, nicht in meiner Ehe wiederholen wollte, musste ich mir über vieles bewusst werden.

Ich lade auch euch ein. Setzt euch mit eurer Geschichte, mit eurem Rucksack, den ihr mitbringt, auseinander. Ja, ihr bringt vielleicht Verletzungen mit, aber bestimmt auch viel Gutes und habt einen wahren Wissens- und Erfahrungsschatz im Gepäck. Umso besser ihr euch selbst kennt, desto genauer könnt ihr einschätzen, in welche Beziehungen ihr investieren wollt, was ihr braucht und wie ihr anderen Menschen segensreich begegnen könnt. Damit ihr, jeder für sich, eintauchen könnt, habe ich einige Fragen zusammengestellt. Vielleicht stolpert ihr über die ein oder andere oder es werden Erinnerungen wach. Ihr müsst nicht alle Fragen besprechen. Vielleicht sprechen euch drei oder vier besonders an. Das ist völlig normal und in Ordnung. Sucht euch, bei Bedarf, professionelle Unterstützung.

Pränatale Erlebnisse und Erlebnisse der frühen Kindheit

Aus der pränatalen Forschung wissen wir, dass die Zeit im Bauch der Mutter bereits einen Einfluss auf die Bindung und psychische Entwicklung des Kindes hat.

- Was weißt du über die Zeit der Schwangerschaft deiner Mutter und was deine Eltern damals durchlebt haben?

- Was weißt du über die emotionale Verfassung deiner Eltern zum Zeitpunkt von Schwangerschaft und Geburt?
- Was weißt du über deine ersten drei Lebensjahre?

Familiäre Erfahrungen

An vieles erinnern Menschen sich erst, wenn sie anfangen, darüber nachzudenken. Seid mutig und neugierig beim Eintauchen in alte Erlebnisse.

- Wer gehörte zu deiner Familie?
- Wem hast du dich besonders nahe gefühlt?
- Mit welchen Personen hast du besonders gern Zeit verbracht?
- Wie würdest du die primären Bezugspersonen deiner Kind heit beschreiben?
- Wie hast du deine Stellung in deiner Familie wahrgenommen (Geschwisterkonstellation)?
- Gab es Bereiche, in denen du Verantwortung übernommen hast oder zu viel Verantwortung übernehmen musstest? Wenn ja, welche?
- Gab es Personen, für die du als Kind oder Jugendliche eine wichtige Bezugsperson oder ein Vorbild warst? Wenn ja, welche?
- Gab es Familienmitglieder, die in dir unangenehme oder bedrohliche Gefühle ausgelöst haben? Wenn ja, welche?
- Gab es Personen, von denen du vielleicht auch unbewusst Abstand genommen hast? Wenn ja, welche?
- Gab oder gibt es Personen, wo noch Vergebung aussteht? Wenn ja, welche?

- Gab es Ereignisse, die dich nachhaltig geprägt, beeindruckt oder beschäftigt haben (in beide Richtungen des Gefühlsspektrums)? Wenn ja, welche?
- Was hättest du nicht missen wollen?
- Wie hast du Familienzeit erlebt? Gab es feste Familienzeiten?
- Zu welchen Ereignissen kamt ihr als Familie zusammen?
- Wie habt ihr als Familie die Mahlzeiten gestaltet?
- Wie hast du die Sommerferien und die außerschulische Freizeit erlebt?

Damals und heute

Wir alle haben in unserer Kindheit also Erfahrungen gemacht, die uns geprägt haben und die wir in unser Paargeschehen mit hineinbringen. Wichtig: Es gibt keine perfekte Kindheit, schließlich gibt es auch keine perfekten Eltern oder Bezugspersonen. Beziehungserfahrungen aus der Kindheit, die wir verinnerlicht haben, können nun aber möglicherweise Ausdruck im Hier und Jetzt finden. Unten findet ihr hierzu eine Übersicht. Ihr könnt die Liste gemeinsam durchgehen und schauen, was euch jeweils anspricht. Natürlich heißt das nicht, dass eine der Auswirkungen zwingend eintreten muss. Es besteht lediglich eine mögliche Wahrscheinlichkeit. Diese Auflistung soll euch zur inneren Einordnung und Entlastung dienen.

Wenn du als Kind/Teenager erlebt hast …

- dass du zuständig für die Gefühle deiner Bezugspersonen bist, kann es sein, dass du dich in deiner Ehe schnell bedroht, verunsichert und verantwortlich für die Gefühle deines Gegenübers fühlst.

- dass du für deine Ehrlichkeit bestraft wurdest, kann es sein, dass du in deiner Ehe Sorge hast, die Wahrheit zu erzählen, und dich lieber bedeckt hältst.
- dass sich deine Eltern getrennt haben, kann es sein, dass du in deiner Ehe besonders Angst vor Konflikten hast und stärker besorgt bist, dass deine Ehe sie nicht aushält.
- dass es für Konflikte keine Sprache gab, kann es sein, dass du in deiner Ehe das Klären von Konflikten lieber vermeidest.
- dass andere nicht erfahren durften, dass es Konflikte gab, kann es sein, dass du in deiner Ehe Konflikte bagatellisierst und versuchst, nach außen hin den Schein zu wahren.
- dass es dir nicht möglich war, Konflikte zu klären, weil man es dir verwehrt hat, kann es sein, dass du dich in deiner Ehe schnell einsam fühlst oder es nur schwer ertragen kannst, wenn dein Gegenüber noch Zeit braucht, den Konflikt zu klären, oder ihm die inneren Möglichkeiten für eine schnelle Klärung fehlen.
- dass du abgewertet wurdest, man dich angeschrien hat oder du körperliche Grenzverletzungen erlebt hast, kann es sein, dass du in deiner Ehe in spannungsreichen Momenten dazu neigst, die Impulskontrolle zu verlieren, und schneller im Affekt handelst.
- dass deine Gefühle nicht ernst genommen oder dir sogar abgesprochen wurden, kann es sein, dass du in deiner Ehe von deinem Gegenüber erwartest, dass es dich stets ernst nimmt und deine Gefühle nachvollziehen kann. Wenn dieser Wunsch nicht jedes Mal erfüllt werden kann, bist du schnell schmerzvoll verletzt.
- dass du ignoriert oder mit Liebesentzug bestraft wurdest, wenn du nicht gehorcht hast, kann es sein, dass du in deiner

Ehe wütend wirst, wenn dein Gegenüber sich im Konflikt zurückzieht oder nicht reagiert.

- dass deine Eltern Gefühle von dir abgewehrt haben, mit denen sie selbst nicht in Kontakt kommen wollten, weil sie diese nicht spüren konnten oder wollten, kann es sein, dass du in deiner Ehe herausgefordert bist, eine Sprache für dein innerseelisches Erleben zu finden und mit deinem gefühlvollen Innenleben in Kontakt zu sein.
- dass du keine Wünsche und Bedürfnisse äußern durftest, kann es sein, dass du in deiner Ehe Schwierigkeiten damit hast, eigene Bedürfnisse wahrzunehmen und sie zu formulieren.
- dass es wenig körperliche Wärme, Zärtlichkeit und Fürsorge gab, kann es sein, dass du in deiner Ehe bei körperlicher Nähe angespannt bist und einen Kontrollverlust erlebst.
- dass deine persönlichen Grenzen immer wieder überschritten wurden, kann es sein, dass du in deiner Ehe deine eigenen Grenzen ebenfalls ignorierst und sie vom Gegenüber überschreiten lässt.
- dass es starre und rigide Rollenbilder gab, kann es sein, dass du diese in deine Ehe mit hineinnimmst und damit konfrontiert bist, sie neu aushandeln zu müssen, wenn dein Gegenüber eine andere Vorstellung hat.
- dass es einen Mangel an emotionaler und materieller Versorgung gab, kann es sein, dass du in deiner Ehe eine besonders starke Sehnsucht nach Halt und Versorgung empfindest oder einen übersteigerten Drang verspürst, dein Gegenüber zu versorgen.
- dass du nur für deine Leistung gesehen wurdest, kann es sein, dass du in deiner Ehe weiterhin versuchst, zu funk-

tionieren, Situationen aus eigener Kraft zu retten und zu leisten.
- dass du dich stark anpassen musstest, kann es sein, dass du dich in deiner Ehe weiterhin anpasst, Gefühle isolierst, damit sie dich nicht innerlich gefährden können, und Bedürfnisse von dir abspaltest, aber in Wirklichkeit eine tiefe Wut spürst.

Findet ihr euch in manchen der Aussagen wieder? Oder würdet ihr es anders formulieren? Nehmt euch Zeit, einander zuzuhören und zu erfahren, was gerade in eurem liebsten Menschen nachschwingt. Wenn ihr merkt, dass es euch überwältigt, dann zögert nicht, euch einzeln oder als Paar Hilfe zu suchen.

Jesus, der Bindungsexperte

Faszinierend finde ich, dass Jesus unserer modernen Bindungsforschung voraus war. Als ich über Matthäus 19 stolperte, wurde ich erneut von Jesu Tiefe ergriffen. Er war mit den Pharisäern im Gespräch, die ihn testen wollten, was er über den jüdischen Scheidungsbrief dachte. Jesus erklärte ihnen, dass der Scheidungsbrief aufgrund der Herzenshärte der Menschen notgedrungen hatte eingeführt werden müssen. Er war zudem ein Dokument, um Frauen zu schützen, damit sie etwas Offizielles in der Hand hatten, um sich ihre Existenzgrundlage zu sichern.[37] Viel interessanter ist aber, dass deutlich wird, wie wichtig Jesus ein weiches Herz war und ist: ein Herz, das formbar ist und beweglich bleibt, eines, das einfühlsam ist. Jesus sieht die Ehe als lebenslangen Zusammenschluss zweier Menschen in hingegebener Treue an.

Spannend ist nun Folgendes: Jesus erwähnt, dass es Menschen gibt, die von anderen Menschen unfähig zu einer lebenslangen Bindung mit einer anderen Person gemacht werden: »[…] andere werden von Menschen dazu unfähig gemacht […]« (Matthäus 19,12b; NLB). Er betont hier, dass Menschen andere Menschen so sehr verletzen können, dass sie sie dieser wichtigen Fähigkeiten berauben können.

In meinen tiefenpsychologischen Beratungssitzungen höre ich täglich Menschen zu, denen es psychisch schlecht geht, und begleite sie in ihrem inneren Heilungs- und Stabilisierungsprozess. Meist ist das Ergebnis ihres Leids das Resultat gestörter, traumatischer, verletzender Interaktionen mit anderen Menschen. In der Regel müssten die verletzenden Menschen bei mir sitzen, stattdessen sitzen tendenziell die Opfer aus dysfunktionalen und beziehungslosen Familiensystemen bei mir. Sie müssen stellvertretend die Arbeit leisten und die Last einer zerbrochenen Generation vor ihnen schultern. Jesus wusste, dass Menschen und Herkunftsfamilien oftmals dafür verantwortlich sind, dass anderen Menschen die Fähigkeit fehlt, eine erfüllte Beziehung zu erleben. Liebesfähigkeit wird zu Hause erlernt. Jesus wusste aber auch, dass Heilung möglich ist.

In der Kinderwiege

Was mir durch die tiefenpsychologische Arbeit mit Ratsuchenden immer deutlicher wird, ist, wie groß der Einfluss dessen ist, was Menschen in ihren ersten drei Lebensjahren erleben. Besonders viel habe ich diesbezüglich durch meine Supervisorin gelernt, mit der ich meine Sitzungen anonymisiert bespreche. Sie betont immer wieder, dass ein Kind seine Eltern oder Bezugspersonen nicht auf pädagogische Eignung prüft, sondern sich einfach bindet. Es kann gar nicht anders, als sich zu binden.

In den ersten drei Jahren machen kleine Menschen wichtige Erfahrungen. Sie lernen, ob sie sich auf andere Menschen verlassen können oder ob sie sich auf sich selbst verlassen müssen.

Werden ihre Bedürfnisse wahrgenommen? Werden ihr Hunger und ihre Sehnsucht nach Liebe gestillt? Werden sie gehört, wenn sie schreien und rufen? Helfen ihre Eltern ihnen, wenn sie wütend, ängstlich oder traurig sind, mit ihren Gefühlen umzugehen? Können ihre Eltern sie beruhigen, ohne sie abzulenken, und haben ihre Gefühle Raum? Helfen ihre Eltern ihnen, eine Sprache für ihre Gefühle zu entwickeln, und hören sie ihnen zu? Bieten sie ihnen Gefühlswörter an, damit sie sich verstanden fühlen? Gibt es verbotene Gefühle? Dürfen die Kinder Angst, Wut, Liebe, Trauer, Frust, Ekel, Scham und Neid spüren? Oder triggern sie ihre Eltern mit ihren Gefühlen, sodass diese sich bedroht fühlen, da es sie, ohne dass sie es merken, an etwas Altes und Vertrautes aus ihrem Leben erinnert? Müssen die Eltern dann, weil sie selbst keine Gefühle aushalten können, die Gefühle der Kinder abwehren? Haben die Eltern Zugang zu ihrer eigenen Gefühlswelt? Haben sie ihre eigene Kindheit aufgearbeitet, reflektiert und die Beziehung zu ihren Eltern aus verschiedenen Perspektiven betrachtet, betrauert, vielleicht vergeben, gedankt und sich vor allem abgelöst?

Hinzu kommt noch ein wesentlicher Aspekt: Hatten die Eltern ein stabiles Fundament als Liebespaar, bevor das Kind auf die Welt kam? Und haben sie es auch während der ersten Jahre gehabt? Können die Eltern Gefühle ausdrücken und benennen, aber auch Impulse steuern und regulieren? Sind die Eltern emotional reife und erwachsene Menschen, die Verantwortung und Selbstfürsorge übernehmen, oder müssen Babys und Kleinkinder für die Bedürfnisse der Eltern herhalten?

Vor allem in den ersten Jahren sind die Beziehungen zu den Bezugspersonen (Objekten) also wichtig, damit sich psychisch gesunde Strukturen etablieren können. Die »Persönlichkeitsfunktionen des späteren Lebens«[38] werden somit im erheblichen Maße durch die Kindheit beeinflusst. Die »Persönlichkeitsfunktionen« wiederum beeinflussen, durch welche Brille man die Welt wahrnimmt: ob man glaubt, dass die Welt ein guter, lebensbejahender Ort ist, an dem man herzlich willkommen ist, oder eher ein bedrohlicher und feindseliger Platz. Ob man den Menschen und sich selbst vertrauen kann oder nicht.

Maßgeblich für das eigene innere Erleben in der Kindheit waren dabei die sogenannten Objektrepräsentanzen. »Damit werden innere Vorstellungen bezeichnet, die mit dem Gegenüber assoziiert werden. Sie enthalten gefühlsbetonte Erinnerungen an die früheren Bezugspersonen und bilden sich durch Internalisierung als individuelle, unbewusste ›Abbildungen‹ auf der Basis realer frühkindlicher Erfahrungen«[39] ab. Diese begleiten einen bis ins Heute und beeinflussen immer wieder die zwischenmenschlichen Interaktionen.

Die Frage ist also: Welche Botschaften wurden in uns verankert? Welche Bilder haben wir durch unsere Bezugspersonen verinnerlicht? Das können ganz wunderbare Erfahrungen sein, wie: Ich bin geliebt. Ich werde gehört. Ich werde wahrgenommen. Meine Umwelt meint es gut mit mir. Das können aber auch ganz andere Erfahrungen sein. Und genau das ist der Punkt: Als Paar gilt es, zu verstehen, dass frühkindliche Erfahrungen im Hier und Jetzt bedeutsam für das gemeinsame Erleben sein können.

Vielleicht gab es Gefühle, die man weggeschoben hat, weil sie nicht sein durften und keinen Raum bekamen. Diese Gefühle klopfen jetzt zu völlig anderen Zeitpunkten ans Herz. Vielleicht galt es, diese Gefühle als Kind abzuwehren, um sich vor »gefürchtete[n] Konsequenzen zu schützen«[40]. Die Bezugspersonen vermittelten einem womöglich, dass ein Gefühl falsch sei, man andere belaste oder nicht fromm genug sei. Unter Umständen wurden die Eltern an eigene unliebsame Gefühle erinnert, die sie selbst nicht bereit waren zuzulassen. Die einzige Überlebensstrategie war es, zu lernen, damit umzugehen. Als kleines Kind musste man überleben, indem man sich möglichst gut angepasst hat, schließlich war man von der Bezugsperson abhängig.

Warum schreibe ich das hier so detailliert? Weil ich finde, dass es für jeden Menschen eine Bereicherung ist, genau das in der Tiefe zu verstehen. Ich wünsche mir, dass ihr euch als Paar versteht, und das im wahrsten Sinne des Wortes. Ich wünsche mir, dass ihr euch nicht nur bei täglichen Absprachen versteht, sondern auch in eurem Humor. Vor allem aber ist es mein tiefes Anliegen, dass ihr euch, wenn es ans Eingemachte geht, wenn es um euer Herz geht und ihr euch mitten im Konflikt befindet, tiefer kennenlernt. Dazu gehört auch, anzunehmen, dass es womöglich eine tiefe, alte Wunde gibt, die viele Jahre zurückliegt. Ich habe dies bereits in einem der früheren Kapitel angesprochen. Hier braucht es einen »milden Blick«[41], der Gnade, Verständnis und eine hohe Toleranz schenkt.

In der psychologischen Einzelberatung begleite ich Ratsuchende immer wieder dabei, auf Themen zu schauen, die sich schon seit Generationen durch die Familien ziehen. Man spricht hier von Transgenerationalität und der Weitergabe von Dysfunktionen. Ein *Cyclebreaker* zu sein, bedeutet, wiederkehrende Familienmuster, die von Missbrauch, Bindungs- und Beziehungsstörungen und Gefühlsarmut gespeist sind, zu durchbrechen und diese nicht weiterzugeben. Das ist alles andere als einfach. Sich die zutiefst im Familiensystem verwobenen Themen anzuschauen, sie wahrzunehmen, zu reflektieren, zu bearbeiten, neue Mechanismen zu integrieren, psychische Funktionen zu stärken, kann ein langer Weg sein. Aber er lohnt sich. Und niemand muss ihn allein gehen.

Holt euch professionelle Hilfe an eure Seite, die euch dabei unterstützt. Für das Wohl der eigenen Ehe. Für das Wohl eigener oder zukünftiger Kinder. Für die Kinder der Kinder und deren Kinder. Jeder Same, den ihr heute als Paar sät, bringt nicht nur euch eine reiche Ernte, sondern auch der Generation nach euch. Wenn diese Ernte nicht für eure leiblichen Kinder ist, so kann sie doch für eure geistlichen Kinder sein, für euer Umfeld, ja sogar ein Stück weit für die Gesellschaft.

Der Blick zurück

Die zwei Übungen, die nun folgen, erfordern Ruhe und Freiraum. Sie verlangen von euch wahrscheinlich euer schwierigstes Ja. Denkt an die Ja-Gesinnung, die bereit ist, das zu tun, was nützlich und wohltuend für euch als Paar ist. Sich mit seiner Kindheit zu beschäftigen und sich anzuschauen, was man mitbringt, ist womöglich ungemütlich, aber von großem Wert für die Paarbeziehung. Gleichzeitig ist es unglaublich mutig.

Lasst euch auf die Übungen emotional ein, um ein tieferes Verstehen für euren persönlichen Lebensweg und den eures Gegenübers zu erlangen. Quetscht die Übungen bloß nicht dazwischen, an einem Tag, der eh schon völlig überladen ist. Ihr braucht Ruhe und Zeit. Ich möchte euch einladen, auf die schmerzhaften Erfahrungen zu blicken, die ihr selbst vielleicht erleben musstet oder die eure Partnerin bzw. euer Partner erlebt hat. Sich gemeinsam aufzumachen und genauer hinzusehen und vor allem nicht wegzusehen, erfordert Mut und Kraft. Manchmal ist es aber auch nicht der richtige Zeitpunkt. Ob, wann und wie ihr auf eure Vergangenheit blicken wollt, ist euch überlassen. Nicht selten spüren wir Wut über das, was die Partnerin bzw. der Partner erlebt hat, wir spüren den Schmerz stellvertretend und nehmen Anteil. Dann fließen vielleicht Tränen der Betroffenheit, einfach, weil wir lieben und nicht anders können. Dies sind Momente der Verletzlichkeit. Manchmal dauern solche Gespräche bis tief in die Nacht. Manchmal bewegen wir die Gedanken über das, was den anderen geprägt hat, aber auch allein.

Und noch mal, weil es mir so wichtig ist: Wenn ihr merkt, dass viel in euch hochkommt, dann müsst ihr damit nicht allein bleiben. Manchmal helfen schon drei bis vier Gespräche zur inneren Entlastung. Manchmal ist auch ein längerer psychotherapeutischer Prozess dran.

Übungsfeld: Von schweren Rucksäcken

Im Folgenden findet ihr verschiedene Themen, die sich durch Familien ziehen können, manche sogar über Generationen hinweg. Welche Familienthemen befinden sich in eurem persönlichen Rucksack? Es ist nicht immer leicht, hinzuschauen. Aber wenn man lernt, als Paar unangenehme Wahrheiten auszuhalten und sie nicht zu leugnen, führt dies langfristig zu angenehmeren Zuständen im Miteinander. Schaut euch also die untere Auflistung in Ruhe an, und zwar jeder für sich. Mein Vorschlag ist, dass ihr zwei Farben nutzt und Themen einkreist oder hinzufügt, die ihr in eurer Familie und der eures Gegenübers findet. Tauscht euch anschließend darüber aus. Das muss nicht direkt im Anschluss passieren, vielleicht benötigt auch einer von euch etwas Zeit.

- Ablehnungserfahrungen
- Fehlende Zugehörigkeit
- Geiz

- Emotionale Armut
- Emotionale Verwahrlosung
- Betrug
- Familienlügen
- Bitterkeit
- Rassismus
- Wert wurde über Leistung definiert
- Fehlender Raum für Gefühle
- Emotionale Kontaktlosigkeit
- Religiöse Strenge
- Geistlicher Machtmissbrauch
- Sexuelle Gewalt
- Unversöhnlichkeit und bittere Wurzeln
- Liebesentzug
- Kontrolle
- Schönheitswahn
- Verrat in Momenten der Schutzbedürftigkeit
- Verleugnung von Verletzungen
- Fehlende Grenzen
- Fehlender Raum für eigene Bedürfnisse
- Sprachlosigkeit
- Ablehnung oder Verschiebung von Verantwortungsübernahme
- Tiefe Hassstrukturen
- Starke Schuldzuweisungen
- Abwertung von Persönlichkeit und/oder Aussehen
- Umgekehrte Elternrollen
- Fehlende Freundschaften und Impulse von außen
- Manipulationen
- Gewalt (körperlich und emotional)
- Beschämung

- Machtmissbrauch
- Fehlender Teamgedanke
- Sucht (Alkohol, Drogen, Spiele usw.)
- Fehlende materielle Versorgung
- Aggression
- Bestrafung
- Statuskampf
- Bevorzugung
- Geschwisterrivalität
- Ungerechte Verteilung von materiellen Gütern
- Verlust
- Scheidung
- Psychische Krankheit und Störungen von Familienmitgliedern, die sich weigerten, diese behandeln zu lassen
- Das Gefühl, den Eltern etwas schuldig zu sein

Vielleicht fallen euch noch andere Begriffe ein. Vielleicht hat das eine oder andere aus der Liste aber auch schon haargenau gepasst. Das, was ihr mit dieser Übung ins Bewusstsein geholt habt, wabert nun nicht mehr diffus durch eure Beziehung. Es wird greifbar und steuerbar. Ihr könnt stolz auf euch sein, denn ihr habt auf Aspekte geschaut, die unbequem sind. Euer Blick für mögliche ungesunde Strukturen ist nun geschärft. Allein das ist schon ein Segen für die nächste Generation.

Bei allem gilt: »Alles hat seine Zeit« (Prediger 3). Vielleicht schaut ihr Bereiche an, die dann auch wieder ruhen dürfen. Schließlich will der Alltag gelebt werden. Der Vers in Prediger schenkt Entlastung:

> Jedes Ereignis, alles auf der Welt hat seine Zeit:
> [...] Niederreißen und Aufbauen, Weinen und Lachen,

> Klagen und Tanzen, Steinewerfen und Steinesammeln, Umarmen und Loslassen, Suchen und Finden, Aufbewahren und Wegwerfen […].
> *Prediger 3,1.3b-6*

Das gilt auch für die schweren Steine, die Menschen in ihrem Rucksack mit sich herumtragen, Steine, die andere ihnen hineingelegt haben. Sie dürfen darüber klagen, weinen und sie wegwerfen. Sie dürfen loslassen und Neues umarmen. Vor allem dann, wenn dieses Loslassen und Betrauern intensiver nachhallt, sollte man nicht allein bleiben, sondern sich Hilfe suchen.

Übungsfeld: Auf Forschungsreise

Wir alle lernen am Vorbild. Die Erlebnisse in unserer Herkunftsfamilie und das Wahrnehmen der elterlichen Beziehung oder unserer primären Bezugspersonen prägen uns tiefer und vielschichtiger, als uns oft bewusst ist.

Ich möchte euch noch mal eine Schatzkiste voller wertvoller Fragen zur Verfügung stellen. Ihr begebt euch auf Forschungsreise und wählt aus, worauf ihr den Fokus setzen wollt. Manchmal bleiben Paare an ein oder zwei Fragen hängen und merken gar nicht, wie die Zeit vergeht. Das ist absolut in Ordnung, denn oft ergeben sich auf diese Weise wunderbare verbindende Gespräche. Diese Fragen sollen euch also einen Anreiz für ein Gespräch bieten. Sie helfen euch dabei, den Kreislauf eurer Herkunftsfamilie aus Gewohnheit, fehlendem Bewusstsein, Vertrautheit oder Bequemlichkeit zu durchbrechen.

Erfahrungen in der Herkunftsfamilie

1. Gibt es Aspekte, für die ihr eurer Herkunftsfamilie dankbar seid? Wenn ja, welche?
2. An welche Traditionen oder Rituale in eurer Herkunftsfamilie erinnert ihr euch? Wünscht ihr euch, davon etwas zu übernehmen?
3. Welche Erinnerungen habt ihr an den Austausch und an das Gespräch über Gefühle in eurer Herkunftsfamilie?
4. Welche Erinnerungen habt ihr an den Austausch und an das Gespräch über Bedürfnisse in eurer Herkunftsfamilie?
5. Wie wurden in eurer Herkunftsfamilie Konflikte ausgetragen?
6. Gab es eine Versöhnungskultur? Wenn ja, wie sah die aus?
7. Wurde der Glaube in eurer Herkunftsfamilie thematisiert? Wenn ja, in welcher Form?
8. Wurden in eurer Herkunftsfamilie Zärtlichkeiten ausgetauscht? Wenn ja, wie habt ihr sie erlebt?
9. Wurde in eurer Herkunftsfamilie offen über Sexualität gesprochen? Wenn ja, in welcher Form?

Die Beziehung eurer Eltern/primären Bezugspersonen

1. Wie war das Verhältnis von Vater und Mutter untereinander?
2. Wie habt ihr eure Eltern als Paar erlebt?
3. Wie haben sie ihre gemeinsame Zeit gestaltet?
4. Wie haben sie Zuneigung ausgedrückt?
5. Haben sie vor euch als Kinder Zuneigung (Umarmung, Küsse usw.) ausgetauscht?
6. Wie haben sie ihre Konflikte geklärt?
7. Gab es in eurer Herkunftsfamilie eine klare Rollenverteilung? Wenn ja, wie sah die aus?

8. Falls es eine klare Rollenverteilung gab, wie steht ihr heute dazu?
9. Wer hat den Haushalt gemanagt?
10. Wer hat überwiegend die Fürsorgearbeit gemacht und die Mental Load getragen (die unsichtbare Last der Familienorganisation wie Elterngruppen, Arzttermine, Kinder abholen, Kindergeburtstage planen)?

Weitere Einflüsse auf die Beziehung eurer Eltern

1. Wie sind eure Eltern aufgewachsen?
2. Welches Verhältnis hatten eure Eltern zu ihren Eltern?
3. Welches Verhältnis hatten eure Eltern zu ihren Schwiegereltern?
4. Welches Verhältnis hatten sie zu ihren Geschwistern?
5. Welchen Stellenwert hatten Freundschaften für eure Eltern?

Abschließende Fragen

1. Was möchtet ihr unbedingt für eure Ehe und Familiengestaltung übernehmen?
2. Was möchtet ihr in eurer Ehe und Familie ganz anders handhaben?
3. Was ist euch noch wichtig geworden?

Hoffentlich hat euch das Gespräch gutgetan, und ich hoffe von Herzen, dass es euch näher zueinandergeführt hat. Es war sicherlich spannend, so viel von dem anderen zu erfahren. Gleichzeitig kann es sein, dass ihr festgestellt habt, dass ihr auf die eine oder andere Frage die Antwort gar nicht wisst. Wenn die Beziehungen es hergeben, ermuntere ich euch, mit euren Eltern oder Bezugspersonen ins Gespräch zu kommen. Manchmal lohnt es sich zudem, sich die Fragen in zwei bis drei Jahren noch einmal vorzunehmen. Ihr werdet staunen, denn ihr werdet wieder ganz Neues erfahren.

Auf Augenhöhe

In den vorherigen Kapiteln wurde bereits deutlich, dass wir als Erwachsene auch unsere kindlichen Anteile in uns tragen. Als Paar seid ihr eine Dyade, also ein System aus zwei Personen. Wenn Kinder dazukommen, entstehen mehrere Dyaden. Die Mutter-Kind-Dyade, die Vater-Kind-Dyade und auch eine neue Triade entsteht, denn ihr seid dann zu dritt. Je mehr Kinder dazukommen, desto komplexer wird es. An dieser Stelle wollen wir uns eure Rollen in eurer Dyade anschauen.

Zunächst einmal: Eine Paarbeziehung bewegt sich immer zwischen Fortschritt (Progression) und kindlichen Anteilen (Regression). Die Progression steht für unsere selbstständigen Anteile, wie »Identität, Stabilität, Autonomie, Reife, Tatkraft und Kompetenzen«[42]. Die Regression steht für »Einssein, Pflege, Umsorgung, Schutz, Geborgenheit und Abhängigkeit«[43]. Diese bedürftigen Anteile in uns werden innerhalb unserer Ehe aktiviert, und es geht darum, beweglich und flexibel mit ihnen umgehen zu können. Das können Paare miteinander lernen. Diese inneren Anteile begegnen jedem Paar in verschiedensten Abschnitten und Momentaufnahmen immer wieder. In der Paartherapie und zur Reflexion hat sich die Transaktionsanalyse als hilfreich erwiesen. Die Transaktionsanalyse ist eine »sozialpsychologische Theorie und Methode, welche Austausch und die Begegnungen von Menschen in den Vordergrund stellt und dabei unterschiedliche Kontexte sowie Persönlichkeitsanteile und Lebensgeschichten der Menschen berücksichtigt«[44].

Dabei reagieren Paare in der Interaktion meist auf drei verschiedenen Ebenen:

- **Eltern-Ich:** Ein Teil des Paares kann aus dem Eltern-Ich reagieren. Dieses Eltern-Ich kann fürsorglich oder kritisch sein.[45]
- **Kind-Ich:** Ein Teil des Paares kann aber auch aus einem Kind-Ich reagieren. Dieses Kind-Ich kann angepasst, rebellisch oder frei sein.[46]
- **Erwachsenen-Ich:** Ein Teil des Paares kann aus dem Erwachsenen-Ich reagieren. Dieses kann realitätsbezogen, problemlösend und sachbezogen sein.[47]

Das Ziel einer Paarbeziehung ist, dass sich beide auf Augenhöhe im Erwachsenen-Ich begegnen. Nehmen wir folgende Paarsituation an: Greta und Ben sind mit Freunden im Kino verabredet. Sie machen sich im Flur fertig. Draußen regnet es in Strömen. Ben nimmt noch schnell einen Regenschirm zur Hand. Greta nimmt eine dünne Übergangsjacke und wirft sie sich über. Die beiden sind ohnehin spät dran. Ben verspürt einen Versorgerdrang und will nicht, dass Greta sich erkältet. Gleichzeitig erlebt er innerlich einen Kontrollverlust: Wenn Greta krank wird, liegt sie mehrere Tage flach und fällt bei der Kinderbetreuung aus. Ben verwandelt sich in ein kritisches und fürsorgliches Eltern-Ich zugleich. Aus ihm schießt es heraus: »Du nimmst doch nicht etwa bei dem Regen eine Übergangsjacke. Zieh dir doch was Richtiges an. Hier, deine Regenjacke.«

Greta fühlt sich augenblicklich angegriffen. Ihr wurde suggestiv eine umgekehrte Rolle zugewiesen. Statt bei sich zu bleiben, springt sie in die Dynamik mit rein und reagiert aus einem trotzigen Kind-Ich heraus. Sie zischt: »Das ist ja wohl meine Sache. Ich brauche eigentlich gar keine Jacke.« Sie lässt sowohl die Übergangsjacke als auch die Regenjacke drinnen liegen und stapft raus. Schon ist die Stimmung im Eimer.

Wenn Paare sich wie Kinder oder Eltern verhalten, passiert das in der Regel unbewusst. Die Begleitaffekte sind jedoch oft Wut und eine diffuse und nicht greifbare Stimmung. Eine Möglichkeit wäre hier, dass Greta Ben erklärt, dass sie gern für sich selbst sorgen möchte und dementsprechend auch gern allein entscheiden möchte, wie sie sich kleidet. Ben muss lernen, Gretas Grenzen und Autonomie zu wahren. Auch würde es ihm in dieser Situation helfen, seine eigentliche Angst, nämlich die Fantasie einer kranken Greta, die nicht mehr ihren Fürsorgeanteil bezüglich der Kinder übernehmen kann, zu kommunizieren.

JETZT SEID IHR DRAN

- Rutscht ihr manchmal in verdrehte Rollen? Wenn ja, welche Situationen kommen euch hier in den Sinn?
- Wenn ihr gerade nicht im Erwachsenen-Ich reagiert, zu was neigt ihr eher: zum Eltern-Ich oder zum Kind-Ich?
- Welches kleine Signalwort könntet ihr verabreden, um euch daran zu erinnern, wieder aus dem Erwachsenen-Ich zu reagieren?

Bestimmt wurdet ihr an vielen Stellen in diesem Kapitel herausgefordert. Es kann sehr kräftezehrend und wohltuend zugleich sein, sich mit der eigenen Vergangenheit zu beschäftigen. Keine Herkunftsfamilie, kein Paar ist perfekt. Doch allein die Tatsache, dass ihr euch mit diesen Fragen auseinandergesetzt habt, ist ein enormer Schritt. Sicher, eure kindlichen Anteile werden immer ein Stück weit bleiben und es ist wichtig, sie liebevoll zu umsorgen und anzunehmen. Ihr könnt mit eurer Ehe aber auch vieles, wenn nicht sogar alles, überschreiben und wiedergutmachen und Ja zu einer Partnerschaft auf Augenhöhe sagen.

Leiderprobt und doch frei

Ich möchte euch Mut machen, wenn ihr Schweres erlebt habt oder verletzt wurdet: Ihr seid berufen, frei zu sein. Ihr seid keine Sklaven eurer Vergangenheit. So drastisch das klingt, so wichtig kann es sein, solche Worte klar auszusprechen. Und wenn die Dunkelheit anklopft oder wie ein Sturm über euch hereinbricht, dann dürft ihr wissen, dass Jesus für eure Freiheit gekämpft hat. Es ist vollbracht, auch wenn es unsichtbar und nicht greifbar scheint. Jesus Christus ist der Erlöser. Er liebt jeden Einzelnen von euch. Paulus schreibt im ersten Korintherbrief Folgendes:

> Alles, was ich jetzt bin, bin ich allein durch Gottes Gnade. Und seine Gnade hat er mir nicht vergeblich geschenkt. Ich habe mich mehr als alle anderen Apostel eingesetzt, aber was ich erreicht habe, war nicht meine eigene Leistung, sondern Gott selbst hat das alles in seiner Gnade bewirkt.
> *1. Korintherbrief 15,10*

Gott weiß, welchen Leidensdruck ihr in eurer Herkunftsfamilie vielleicht erlebt habt oder immer noch erlebt. Er weiß, wie leiderprobt euer Leben bisher war. Aber seine Pläne leuchten. Er hat eine helle und lichtbringende Zukunft für jeden von euch. Er hat euch berufen, seine Kinder zu sein.

Viele Schritte, die ich gegangen bin, wären nur halb so effektiv gewesen, wären da nicht Gottes großes Erbarmen und seine Gnade gewesen. Und dieser Zuspruch gilt auch euch. Gott bekommt jeden umkämpften Moment mit. Er wird sein Zutun sichtbar machen. Seine Liebe ist transparent und greifbar. Seine Gnade und seine Kraft sind unerschöpflich. Er ist nie ausgelaugt oder am Ende. Unser Ende, unser Zusammenbruch, unsere Kapitulation: Das ist sein Anfang. Da, wo für uns ein weiterer Schritt unmöglich erscheint, wo wir hoffnungslos die Augen schließen und endlich alles in seine Hände legen, da wird er eingreifen. Versprochen! Da, wo wir feststellen, dass wir begrenzt sind, zeigt er uns seine Grenzenlosigkeit.

Immer wieder kommen zu meinem Mann und mir Paare in die Paartherapie, die eine schwere Last aus ihrer Herkunftsfamilie zu tragen haben. Sie betrachten all die ungesunden und verketteten Muster, die ihnen aus ihrem Elternhaus vertraut sind, erinnern sich daran, wie zu Hause geschrien und gestraft wurde, wie die Versöhnung ausblieb. Sie spüren eine tiefe Not, die sich aus der Angst speist, Wiederholungstäter zu werden. Sie schauen auf ihre Beziehung und erkennen vielleicht bereits kleine Muster wieder. In ihrer Herkunftsfamilie haben sie erlebt, wohin diese Muster führen können. Mit dieser Last umzugehen und eine neue Saat zu säen, ist ein unterschätztes Feld.

David und ich sind immer wieder beeindruckt, was mit Gott in den Paartherapien möglich ist: Die Paare werden in den Prozessen zu echten Überwindern. Sie säen Samen der Liebe, Samen der Versöhnung, Samen einer neuen Kommunikations- und Konfliktkultur, die für viele Generationen bereichernd sein wird. Diese Paare begreifen ihren Glauben als Ressource und erleben, wie sie mit Gottes Idee von Beziehung eine tiefe, verbindende neue Gesinnung einüben können, die ihnen hilft, sich von ihren jeweiligen Herkunftsfamilien abzugrenzen.

Ein unersetzliches Erbe

Für mich war es nie einfach nur eine »Systementscheidung«, über die Jahre hinweg an Gott dranzubleiben. Ich hatte keine Eltern oder Geschwister, die ebenfalls gläubig und in einer Gemeinde waren. Es gab auch niemanden in meiner Familie, dem es ein inneres Anliegen war, dass ich meinen Lebensweg mit Gott gestalte. Hätte ich mich von Gott abgewendet, hätte es keine Angehörigen gegeben, die dem nachgetrauert oder versucht hätten, mich von Gottes Liebe neu zu überzeugen. Stattdessen habe ich viele Jahre damit gekämpft, dass ich Familien vor Augen hatte, die zwar auch ihre Schwierigkeiten hatten, aber dennoch zusammenhielten. Familien, die echte Vorbilder waren, die sich Vergebung, Zusammenhalt und weiche Herzen auf die Fahne geschrieben hatten. Und dann war da auch dieses Gefühl von Wehmut, Schmerz und manchmal Neid in mir. Ich begriff: Egal, wie gut ich mit den Familien befreundet bin, ich würde niemals dazugehören. Da konnte ich investieren und babysitten, so viel ich wollte, an den Feiertagen würden sie doch wieder alle zusammensitzen und ihr Familienglück genießen. Aber irgendwann begriff ich: Das Erbe meines Vaters im Himmel ist mit keinem Familienglück auf dieser Welt zu vergleichen.

Vielleicht geht es einem von euch ähnlich, dann möchte ich es euch an dieser Stelle noch mal zusprechen: Egal, wie schwierig und verletzend euer Erbe aus Familie, Schulzeit, Freundschaften oder Gemeinde ist: Es wartet ein noch viel besseres Erbe auf euch. Eines, das groß und kostbar und mit nichts auf dieser Erde zu vergleichen ist. Sein Erbe vergeht nicht.

Gott spricht von »einem unvergänglichen und unbefleckten und unverwelklichen Erbe, das aufbewahrt wird im Himmel für euch« (1. Petrus 1,4; LUT 2017). Gott ruft euch zu, all das loszulassen, was euch von ihm entfernt, ja, er spricht euch diese Freiheit zu:

> Was ihr auf der Erde binden werdet, das soll auch im Himmel gebunden sein. Und was ihr auf der Erde lösen werdet, das soll auch im Himmel gelöst sein.
> *Matthäus 18,18b*

Ihr seid Erben eines Himmelreiches. Ihr seid Kinder Gottes und als seine Kinder dürft ihr seine Gaben in eurer Ehe erleben.

Unser seelisches Innenleben als Schlüssel: Im Prozess bleiben

Die fehlende Schule der Ehe

Keine Ehe startet mit der Absicht, irgendwann getrennte Wege zu gehen. Wie schnell und wie leicht scheinbar nebenbei eine Beziehung kaputtgehen kann, ist erschreckend. Das war doch nie der Plan.

Genau an diesem Punkt fehlt unserer Gesellschaft etwas, und zwar ein Raum, in dem wir über Partnerschaft ins Gespräch kommen können. Für mich ist es offensichtlich, dass dieser Ort die Schule sein müsste, denn hier verbringen Menschen die meiste Zeit zwischen ihrem sechsten und achtzehnten Lebensjahr. Wenn die Schule dies nicht leisten will oder kann, dann muss eben der außerschulische Bildungsbereich seinen Teil dazu beitragen. Das bedeutet, Kirchen, Familienbildungsstätten und Beratungsstellen stehen in der Verantwortung. Es kann nicht genug Ressourcen für

Paare geben. Wie kann es sein, dass uns allen klar ist, dass wir nur sehr schwer einen Beruf ausüben können, wenn wir keine Ausbildung oder ein Studium machen, aber denken, dass das mit einer Beziehung schon von allein läuft? In der Regel besuchen wir neun bis zwölf Jahre die Schule. Abschließend spezialisieren wir uns und wählen einen Beruf aus. Wir investieren häufig fünfzehn bis achtzehn Jahre in unsere Bildung. Den Beruf üben wir dann in der Regel aus, bis wir siebenundsechzig Jahre alt sind.

Eine Ehe soll bis an unser Lebensende halten. Aber: Für Beziehungsfähigkeit gibt es keine Schule. Die meisten Menschen lernen in ihrer Herkunftsfamilie, wie Beziehungen aussehen können. Sicher, manche haben Glück und ihre Herkunftsfamilie war ein förderlicher, liebevoller Ort, an dem sie miterleben durften, wer sie sind und was eine gesunde Ehe ausmacht. Doch was ist, wenn es in der Herkunftsfamilie drunter und drüber ging? Was ist, wenn Scheidung, Gewalt und Missbrauch im Spiel waren? Was ist, wenn es keine Vorbilder gab? Was ist, wenn Hass, Wut, Anschuldigung und Verachtung die Oberhand hatten? Was ist, wenn Eltern zusammenblieben, aber die Beziehung missbräuchlich war? Wie kann mit dieser Last umgegangen werden? Wie kann eine gesunde Ehe zu einem Lebensstil werden?

Eine Stellschraube, an der wir alle drehen können, sind unsere Erwartungen. Mein Mann und ich erwarten nicht, dass Liebe allein reicht. Wir erwarten nicht, dass unsere Ehe sechzig Jahre hält, ohne dass wir uns jeden Tag aktiv dafür einsetzen. Wir erwarten nicht, dass die Dinge ganz von selbst ihren Lauf nehmen und ab und an ein Abend im Restaurant unsere Ehe lebendig hält. Dafür sind uns die Scheidungszahlen zu hoch. Die Verantwortung, eine Ehe einzugehen, ist hoch, und davon auszugehen, dass sie schon irgendwie hält, ist zu einfach. Ehe erfordert immer wieder neu, einander zu umwerben, die Nähe zu revitalisieren, den Liebestank des anderen zu füllen, tägliche Gespräche zu führen, die Verbindung aufzubauen und vor allem die Ja-Gesinnung einzunehmen: eine Haltung, die die Ehe mehr als jeden anderen Lebensbereich priorisiert. Das ist sicherlich kein leichter Schritt, aber einer, der allen anderen Lebensbereichen am Ende zugutekommt.

Der Gefühlsregen – erfrischend und herausfordernd zugleich

Damit Menschen gesunde Ehen gestalten können, müssen sie zunächst in der Lage sein, bei sich selbst Gefühle wahrzunehmen und einen Zugang zu sich zu finden. Sich selbst zu spüren, in Verbindung mit sich zu stehen, die eigenen Gefühle zu erkennen und diese zu benennen, kann ein langer Weg sein, den jeder in seinem eigenen Tempo gehen sollte. Es ist ein Zeichen emotionaler Reife, eine wertschätzende und behutsame Sprache für die eigenen Gefühle zu entwickeln und Eigenverantwortung zu übernehmen.

Verständlicherweise empfinden viele Menschen die eigenen Gefühle als wahre Bedrohung, denn diese kennenzulernen, kann bedeuten, mit den schwierig belegten Gefühlen konfrontiert zu sein. Immer wieder höre ich Sätze wie: »Ich habe nie gelernt, mit negativen Gefühlen umzugehen.«

Ich möchte euch an dieser Stelle etwas Warmes und Entlastendes zusprechen: Kein Gefühl ist negativ. Kein Gefühl ist falsch oder sündhaft. Sicher, Gefühle können sich unangenehm anfühlen und einen Menschen zutiefst herausfordern. Aber jedes Gefühl darf gefühlt werden.

Noch mal auf den Punkt gebracht, die drei Wahrheiten über Gefühle:

1. Kein Gefühl ist negativ.
2. Jedes Gefühl ist erlaubt.
3. Man fühlt immer etwas und nie nichts.

Zum ersten Aspekt lässt sich Folgendes sagen: Manche inneren Regungen und Affekte sind sehr schwer auszuhalten. Das können unliebsame oder unangenehme Gefühle sein. Gefühle sind aber nie negativ, böse, schlecht oder falsch! Sie können herausfordernd, überwältigend, irritierend, vereinnahmend, unangenehm, unliebsam oder schwer zu ertragen sein. Aber sie sind nicht negativ!

Auch der zweite Punkt ist wichtig: Kein Gefühl ist verboten. Selbst Gefühle wie Rache, Neid oder Gier, die Christinnen und Christen gern mal zur Seite schieben, sind absolut wichtig. Man darf sie spüren und kennen. Wie man damit umgeht, ist dann eine andere Sache. Erst mal dürfen sie aber existieren.

Nun zum dritten Punkt: Man fühlt immer etwas und nie nichts, und zwar durchgängig. Leider fehlen oft die Räume, damit Gefühle in Sprache gegossen werden können. Darüber hinaus gibt es Menschen, die in belastenden Phasen oder bei depressiver Symptomatik eine getönte Gefühlsfärbung erleben, die sie als Leere beschreiben. Anderen wiederum ist der innere Zugang und Kontakt zu ihren Gefühlen abhandengekommen. Das kann unter anderem damit zusammenhängen, dass sie Gefühle über lange Zeit abgewehrt haben, da sie beispielsweise in einem Familiensystem groß geworden sind, in dem intensive oder herausfordernde Gefühle nicht zulässig waren.

Therapie und Beratung können Menschen dabei unterstützen, einen fürsorglichen Umgang mit sich selbst zu entwickeln und liebesfähiger zu werden. Vielen helfen ein bis zwei Jahre Begleitung, um die bunte Palette ihrer Gefühle kennenzulernen. Selbstreflexion ist immer eine aus tiefster Integrität heraus getroffene Entscheidung. Sie kostet immense Energie, und gerade ihr, die ihr euch einander zuwendet und dieses Buch lest, dürft unglaublich stolz auf euch als Paar und euch selbst sein.

Je mehr man sich das Reflektieren zur Gewohnheit macht, desto leichter fällt einem der Zugang zu sich selbst. Das große Geschenk, das sich dahinter verbirgt, ist, dass man nicht nur in der Ehe, sondern in allen zwischenmenschlichen Begegnungen erlebt, dass man anderen und sich selbst nach und nach mit mehr Empathie begegnen kann. Es ist ein lohnender Weg. Reflexionsprozesse helfen Menschen, zu lernen, wie sie ihre Gefühle regulieren und steuern können, auch wenn einen der Gefühlsregen völlig unangekündigt überrascht.

Intensive Gefühle, die einen auch mal überrollen können, sind kein Zeichen von Schwäche, sondern völlig normal. Nora Imlau findet in ihrem Kinderbuch »Was weinst du denn so viel, kleines Krokodil?« warme und einfühlsame Worte, wenn Kinder weinen. Zum Ende hin verabschiedet sie die Lesenden mit folgendem Satz: »Dass die Tränen rollen dürfen, wie sie wollen, gilt nämlich nicht nur für kleine Krokodile. Sondern auch für große.«[48] Diesen Satz lese ich oft älteren Ratsuchenden vor, die sich in der Vergangenheit aufgrund der Reaktion anderer nicht selten für ihre Tränen geschämt haben. Ich finde, dass er eine ganz wunderbare innere Freiheit und Weite vermittelt.

Falls euch je jemand gesagt hat, eure Tränen seien zu viel oder nicht angemessen, dann lass mich euch sagen, dass das nie gestimmt hat und nie stimmen wird. Euer Schmerz ist jede Träne wert! Wenn der Gefühlsregen über uns hereinbricht, dann ist mit uns nichts falsch. Im besten Falle brauchen wir einen Schirm und jemanden, an den wir uns wenden können. Wenn ihr in der Vergangenheit wenig Trost um Umsorgung in solchen Regenmomenten erlebt habt, könnt ihr als Paar diese Erfahrung neu überschreiben. Ihr könnt einander halten, trösten und euren gemeinsamen Schirm festhalten.

Wichtig: Es ist nur natürlich, dass man auf gelernte Muster zurückgreift, wenn es darum geht, intensive Gefühle auszuhalten. Das *Containing*, damit ist das Aushalten von Gefühlen anderer gemeint, findet in vielen Familien nicht statt. Gerade da, wo Eltern selbst wenig Zugang zu ihren Gefühlen haben, erleben sie die Gefühle der eigenen Kinder oft als Bedrohung. Ein weinendes Kind, das hinfällt und schreit, wird in seinem Schmerz nicht anerkannt und entlastet, sondern vielleicht mit einem Kuscheltier abgelenkt. Ein Kind, das sich zum Geburtstag insgeheim ein ganz besonderes Spiel gewünscht hat, bekommt etwas völlig anderes und reagiert mit Traurigkeit. Statt darin ernst genommen zu werden, soll es dankbar sein. Es wird beschämt und die eigentlichen Gefühle finden keinen Raum.

Es braucht aber Raum, damit Kinder Gefühle aushalten können, und es ist wichtig, sie anschließend zu begleiten, damit sie lernen, sich selbst zu regulieren. Kinder sind genau auf diese Begleitung und Co-Regulation angewiesen. Nun haben unsere Eltern das vielleicht selbst nicht erfahren und gaben folglich erst mal das weiter, was ihnen selbst vertraut war. Aber nur weil unsere Eltern ab und an unsere Gefühle abgewehrt haben, bedeutet das nicht zwangsläufig, dass wir auf jeden Fall handlungsunfähige Erwachsene werden. Es geht hier um Tendenzen. Wie haben sich die Eltern oder primären Bindungspersonen die meiste Zeit über verhalten? Wie sind sie überwiegend mit unseren Gefühlen umgegangen? Als Kinder internalisieren wir, wie mit uns umgegangen wurde, und entkoppeln Fähigkeiten wie die eigene Regulation. Damit möchte ich sagen: Wir sind nicht schuld an der Gefühlsintensität, die wir durchleben. Die inneren Strukturmerkmale unserer Psyche wurden in früher Kindheit gelegt. Die eigenen Seelenschichten zu durchdringen, ist allerdings nicht immer ein angenehmer Weg, aber einer, der für eure Ehe und für die Generationen nach euch eine Segenslinie ziehen kann.

Das Bedürfniskarussell

Total bedürftig

Ein kleines Baby kommt auf die Welt. Verletzlich, winzig und vollkommen bereit dafür, erste Erfahrungen von liebevoller Zuwendung in sich aufzusaugen. Die Geburt ist schon ein Spektakel für sich: Es ist die erste verrückte Lebenserfahrung, die nicht in Worte gefasst werden kann. Und sobald das Baby auf der Welt ist, geht es ja erst mal eine ganze Weile so weiter. Ein Baby ist da mit all seinen Bedürfnissen. Völlig hilflos und angewiesen auf andere. Es lebt in kompletter Abhängigkeit zu seinen primären Bezugspersonen, die es wahrnehmen und seinen Bedürfnissen begegnen sollen. So macht ein Baby hoffentlich die erste wichtige Grunderfahrung, dass es geliebt und körperlich und emotional bedingungslos versorgt wird.

Was sind Bedürfnisse?

Die Frage nach Versorgung betrifft auch uns. Nicht nur kleine schutzbedürftige Säuglinge haben innere Bedürfnisse und benötigen Versorgung. Ein tiefer Wunsch in jedem von uns ist es, sich gut versorgt zu wissen. Dieses Innere-versorgt-Sein brauchen wir Tag für Tag. Wir tun den ganzen Tag ganz automatisch Dinge, um uns selbst zu versorgen. All unser Handeln strebt danach. Wenn ich mit einer Freundin telefoniere, dann erfülle ich mir das Bedürfnis nach Gemeinschaft. Wenn ich in mein Tagebuch kritzle, erfülle ich mir das Bedürfnis nach innerer Entlastung. Wenn ich an der frischen Luft spazieren gehe, erfülle ich mir das Bedürfnis nach Natur. So ist jedes Handeln eine Strategie, ein Weg, eine Möglichkeit, sich ein Bedürfnis zu erfüllen. Als Menschen brauchen wir diese innere Versorgung unserer Bedürfnisse. Wir brauchen sie auf mehreren Ebenen: kognitiv, körperlich und emotional. Wenn dieser Dreiklang in Balance ist, berichten viele Menschen von hoher innerer Gelassenheit.

Nicht jede Strategie tut gut

Oft genug befriedigen wir im Alltag auch ganz unbewusst Bedürfnisse. Vielleicht überarbeiten wir uns und dahinter verbirgt sich das Bedürfnis nach innerem Wert. Oder wir essen und spüren nicht, dass wir gar keinen körperlichen Hunger haben, sondern aus Einsamkeit essen und eigentlich das Bedürfnis nach Gesellschaft haben. Oder wir shoppen und schlagen über die Stränge, sehnen uns aber eigentlich nach Anerkennung. Nicht all unser Handeln, nicht alle unsere Strategien helfen uns, unsere Bedürfnisse langfristig gut und nachhaltig zu versorgen. Manchmal sind unsere Strategien sogar wenig hilfreich. Vielmehr: Sie können uns sogar schaden.

Von verkannten Bedürfnissen

Viele Menschen gewöhnen sich an, ihre eigenen Bedürfnisse nicht mehr zu spüren. Gerade Eltern, die mit den eigenen Bedürfnissen und denen ihrer Kinder regelrecht jonglieren, verschieben regelmäßig ihre eigenen Bedürfnisse. Das Ganze nennt sich Bedürfnisaufschub und ist auch völlig normal. Dieser Mechanismus ist reifen Personen zu eigen, die ein Maß an Frustrationstoleranz besitzen und das zeitliche Verlagern ihrer Bedürfnisse aushalten können. Sprich: Bedürfnisse aufzuschieben, da die des Kindes nach den aktuellen Befunden der Bindungsforschung einer »prompt[en] und angemessen[en] Versorgung«[49] bedürfen, gehört zu einem verantwortungsvollen Handeln. Hier geht es nicht um Rekordschnelle oder Perfektion. Es geht vielmehr um ein Bewusstsein dafür, kindliche Bedürfnisse zeitnah zu beantworten und sich feinfühlig gemeinsam auf ihren entwicklungspsychologischen Abschnitt einzuschwingen.

Aber: Eigene Bedürfnisse zeitlich zu verschieben, bedeutet nicht, sie erst in fünf Jahren zu erfüllen. Bedürfnisaufschub ist etwas anderes als Bedürfnisverzicht und die totale Selbstaufgabe. Letzteres führt dazu, dass der innere Kontakt zu den eigenen Bedürfnissen nach und nach verschwindet. Irgendwann kann der eigene Wunsch, sich versorgt zu fühlen, nur noch darüber erfüllt werden, dass man stattdessen andere versorgt. Man nennt diesen inneren Abwehrmechanismus auch »altruistische Wunschabtretung«[50]. Der Name ist Programm: Vor lauter Altruismus, also Selbstlosigkeit, tritt man die eigenen Bedürfnisse und Wünsche immer wieder ab und erfüllt stattdessen die der Kinder. Dahinter verbirgt sich manchmal eine Bescheidenheitsideologie.[51] Langfristig führt dieses Verhalten aber dazu, dass sich der eigene Versorgungstank leert und Eltern nicht selten wütend auf sich und ihre Kinder werden, ja, sogar glauben, ihre Kinder müssten es ihnen danken.

Mein Verständnis für Eltern ist an dieser Stelle unglaublich groß. Besonders für Mütter, die von dem gesellschaftlichen Narrativ des Muttermythos, der sich stets aufopfernden Mutter, noch immer besonderem Druck ausgesetzt sind. Aber nicht nur Eltern verfallen diesem Mechanismus, sich selbst zu vergessen, auch viele andere Menschen. Nicht selten sind es sehr einfühlsame Menschen, die den Mangel anderer schnell wahrnehmen und gern mal kurz die Welt retten, dabei aber ihre Bedürftigkeit aus dem Blick verlieren.

Übungsfeld: Bedürfnisse wahrnehmen

Ich stelle euch nun eine lange Bedürfnisliste der Gewaltfreien Kommunikation zur Verfügung.[52] Das ist eine Übung, die am besten jeder für sich macht. Ihr könnt alle Bedürfnisse einkreisen, die euch ansprechen und die in euch Impulse auslösen. Kein Bedürfnis ist fehl am Platz. Jedes hat seine Daseinsberechtigung. Nicht jedes kann man sofort versorgen. Oft hat man mehrere Bedürfnisse zur selben Zeit. Diese Parallelität kann überfordern. Gleichzeitig kann es guttun, Bedürfnisse differenziert wahrzunehmen. Das schafft mehr Klarheit und gibt einen gesunden Fokus. Ihr könnt nun jeder zwei Bedürfnisse herauspicken und diese auf einen Zettel schreiben. Dahinter könnt ihr notieren, wie ihr in erster Linie selbst diese im Alltag versorgen könntet, also welche Strategie euch guttun würde. Beispiel: Das Bedürfnis ist Ruhe, die Strategie, das Handy auszuschalten.

Anerkennung
Authentizität
Autonomie
Begeisterung
Berührung
Bewegung

Einfühlung
Erholung
Feiern
Friede
Geborgenheit
Kreativität

- Bildung
- Nahrung
- Ordnung
- Schlaf
- Schönheit
- Schutz
- Selbstbestimmung
- Selbstständigkeit
- Sicherheit
- Sinn
- Liebe
- Trauern
- Trinken
- Unterstützung
- Verstehen
- Vertrauen
- Wärme
- Wertschätzung
- Wirksamkeit
- Zugehörigkeit

Ihr könnt diese Liste auch für eure Gespräche als Paar nutzen. Für euer Gegenüber kann es sehr aufschlussreich sein, eure Bedürfnisse und konkreten Wünschen zu hören. Das hat nichts mit Egoismus, sondern vielmehr mit Fairness zu tun. Viele Spannungen resultieren aus im Vorhinein verpassten oder nicht geteilten Wünschen, Erwartungen und Bedürfnissen, die im Nachhinein zum Vorwurf gemacht werden. Wenn ihr sie aber vorab verbalisiert, kann euer Gegenüber wählen und hat sogar einen weiteren Spielraum.

Exkurs: Psychodynamisches Denken

Ich lehne mich mal ziemlich weit aus dem Fenster und behaupte, dass nichts eine Ehebeziehung so sehr beeinflusst wie die Erfahrungen, die man in seiner Herkunftsfamilie gemacht hat. Nichts prägt eine Paarbeziehung so sehr wie die verinnerlichten Beziehungserfahrungen und ob man sie ins Bewusstsein gebracht und bearbeitet hat.

Ich kann euch als Paar nicht dieses Buch präsentieren, ohne euch auch eine Portion Theorie mit auf den Weg zu geben. Ich wünschte, jedes Paar würde zumindest einige Grundlagen der Tiefenpsychologie und Psychodynamik kennen. Im folgenden Abschnitt werdet ihr also einige Konzepte der Tiefenpsychologie kennenlernen. Aber keine Angst: Das Ganze wird einfach zu verstehen sein, ich schreibe hier ja schließlich kein psychologisches Lehrbuch.

Nicht selten empfinden wir Leere, Traurigkeit und Schmerz, obwohl das wahre Gefühl dahinter eigentlich unterdrückte Wut ist. Wut, die wir nie spüren durften. Wut, die zu bedrohlich war. Unsere überrollende Wut kann also gleichzeitig abgelehnte Trauer sein. Ich selbst habe genau das schon erlebt. Ich musste lernen, meine wahren Gefühle zu durchleben, mit ihnen in Kontakt zu kommen, sie auszuhalten, sie in ihrer Unbändigkeit zu spüren und sie, wenn nötig, wieder loszulassen. Ich erinnere mich, dass ich als Jugendliche viele Tränen geweint habe. Tag für Tag. Es dauerte lange, bis ich begriff, dass die Trauer eigentlich eine tiefe Wut war, mit der ich mich einige Jahre später intensiver beschäftigen musste, um ihre Botschaft zu verstehen, ihr Raum zu geben und sie an manchen Tagen auch zu bändigen. Es war eine alte Wut, eine, die schon seit Jahren in mir schlummerte und die gegen die viele Gewalt ankämpfte, die ich erlebt hatte. Ich begriff, dass ich meine Wut lange Zeit abgewehrt hatte, da sie nicht erwünscht war. Ich hatte meine Gefühle verdrängt.

Wir Menschen wehren durch verschiedene Mechanismen unsere Gefühle ab, und bis zu einem gewissen Grad brauchen wir unsere Abwehr als »innerpsychische Schutzfunktion«[53] auch. Doch das Ganze hat seine Grenzen, wenn wir psychisch gesund bleiben wollen.

Die vielen Tränen, die ich als Jugendliche geweint habe, zeigen letztlich, dass meine Regulationsmechanismen noch nicht ausgereift waren. Ich habe ja bereits erwähnt, dass sich ein großer Teil unseres psychischen Strukturniveaus in den ersten drei Jahren nach unserer Geburt manifestiert. Unsere psychischen Strukturmerkmale werden in dieser Zeit gelegt. Struktur meint hier unsere innere Regulationsmöglichkeit in Bezug auf die Personen, mit denen wir in Beziehung stehen, aber auch in Bezug zu uns selbst.[54] »Struktur bezieht sich auf die Vulnerabilität der Persönlichkeit, die Disposition zu Krankheit und die Kapazität der Verarbeitung von inneren Konflikten und äußeren Belastungserfahrungen.«[55] Damit sind verschiedene Fähigkeiten gemeint, wie zum Beispiel die Fähigkeit, sich selbst zu reflektieren oder zu unterscheiden, welches persönliche Bedürfnis man hat und welches die Bedürfnisse der anderen sind.[56] Genauso zählt dazu die Fähigkeit, sich von Menschen gesund abzugrenzen und starke Affekte zu regulieren.

Bei einer gut integrierten Struktur können Menschen den eigenen psychischen Innenraum und die darin vorhandenen »(Kognitionen, Affekte, Fantasien, Erinnerungen, Entscheidungen etc). differenziert wahrnehmen«[57].

Ein weiterer der Psychodynamik zugrunde liegender Gedanke ist der Wiederholungsdrang. Mal ehrlich: Wiederholungsdrang klingt sowohl bedrohlich als auch nervig. Ist er auch! Zumindest ein bisschen. Es wird davon ausgegangen, dass es eine »Wiederbelebung des verdrängten Grundkonflikts«[58] gibt. Grundkonflikte sind unbewusste innere Vorgänge wie der Grundkonflikt der Nähe, Bindung, Autonomie oder Identität.[59] Hier geht es um die ganz frühen Erfahrungen kindlicher Entwicklungen. Habe ich mich in den ersten Lebensmonaten als einzelnes Selbst in Beziehung erlebt oder wurde ich durchgehend mit Nähe überflutet oder wurde mir Nähe verwehrt? Habe ich gute Bindung erlebt und bekommen, was ich brauchte? Konnte ich autonome Entscheidungen treffen und mich der Welt mit Neugier frei zuwenden? Wusste ich, wer ich war, und habe ich Zugehörigkeit erlebt? Wenn all diese wichtigen Erfahrungen durch ungünstiges elterliches Handeln nicht möglich waren, tragen Menschen diese Spannungen und den daraus resultierenden Zerriss unbewusst lange in sich.[60]

Diese unbewussten Themen und inneren Ambivalenzen wiederholen sich und werden immer wieder belebt. Jetzt fragt ihr euch vielleicht: »Wie? Wir wiederholen alles? Sind wir dem etwa unterlegen und ergeben?« Ganz klar: nein. Allein eure Bereitschaft, ein Buch wie dieses zu lesen, zeigt, dass ihr beweglich und nicht festgefahren in eurer Dynamik seid. Es zeigt, dass ihr bereit seid, euch zu verändern. Mit professioneller Unterstützung ist es zudem möglich, Zusammenhänge zwischen dem Istzustand und wichtigen Beziehungserfahrungen aus der Kindheit herzustellen. In diesem Prozess erlangen Menschen Zugang zu ihrem Unbewussten, denn nur sehr wenig Prozent des eigenen Handelns ist einem wirklich bewusst. Wer sich dessen gewahr ist, kann anders handeln und neue interpersonelle Beziehungen knüpfen, die als korrigierende, wiedergutmachende und heilsame Erfahrungsräume erlebt werden können. Somit muss sich Altes nicht wiederholen, sondern neue Pfade innerhalb der innerseelischen Räume können sich bilden, die man fortan gehen kann.

Ein Gott der Fülle

Ich liebe psychodynamisches und psychoanalytisches Denken und Verstehen von zwischenmenschlicher Interaktion. Gleichzeitig bringt mich die tiefenpsychologische Schule auch an innere Grenzen. Doch ich spüre, dass Gottes Liebe in ihrer ungehaltenen und völlig überwältigenden Weise alle Grenzen sprengen kann. Ich stelle immer wieder fest: Gott hat den Überblick, den Durchblick, den Weitblick und den Tiefblick.

Das bringt meine Haltung zu psychologischen Verfahren keineswegs ins Wanken. Davon würde ich kein Stück abweichen. Ich würde Menschen immer ohne jedwede Ausnahme bei emotionaler Belastung, die zu Leidensdruck führt oder anderweitig nicht tragbar ist, empfehlen, sich professionelle Hilfe zu suchen. Jede innere Not ist es wert, einen Raum zu erhalten – unabhängig davon, wie intensiv die Not empfunden wird. Ich halte nichts von dem Gedanken, psychisches Leiden »wegzubeten«. Überfromme Aussagen wie »Du glaubst nicht genug« oder »Der Feind hat seine Finger im Spiel« sind eine Form von Machtmissbrauch und somit verheerend und entwürdigend. Sie ekeln mich förmlich an, weil sie den Opfern, die in dysfunktionalen und kranken Familiensystemen groß geworden sind, unterstellen, dass sie Schuld daran haben. Darin liegt für mich die eigentliche Verdrehung. Ich frage mich, woher sie kommt.

Ich glaube, dahinter verbergen sich oft ein Mangel an Wissen und eine schiere Hilflosigkeit, die statt emotionaler Fürsorge schnelle geistliche Lösungen sucht und somit die Kontrolle über Menschen und über die eigenen religiösen Ideale aufrechterhält. Niemals würde ich sagen: Lasst die psychologische Unterstützung weg. Nein, wer Halsweh hat, muss zur Ärztin oder zum Arzt und am besten heiße Zitrone trinken und vielleicht auch mal etwas Medizin schlucken. Wenn die Seele schmerzt, braucht es Entlastung, und zwar in Form eines Gesprächs.

Dennoch stoße ich in den psychodynamischen Verfahren auch an Grenzen und finde, dass Gottes Größe sich genau in diesen Bereichen offenbart. Gott geht über die Grenzen der Psychologie hinweg, und ich sehe ihn in drei Bereichen, die therapeutisches Arbeiten nicht bedienen kann: Leerstellen, Vergebung und Segen.

Leerstellen

Wie können unser innerseelisches Erleben und unsere Psyche heilen? Nicht immer erleben wir eine hilfreiche Umgebung für unsere persönlichen Entwicklungsaufgaben, in der unser Selbst und unser Ich gebildet und geformt wurden. Da ist die Wertschätzung, die nie ausgesprochen wurde, das sorgenfreie, unbekümmerte Kindsein, das nie Raum hatte. Primäre Bezugspersonen hatten keine Möglichkeit, emotional oder materiell zu versorgen. Körperliche Nähe und Wärme blieben aus. Entwicklungsräume standen nicht zur Verfügung. Bedürfnissen wurde nicht begegnet. Wünsche, Träume, Ängste schienen im Verborgenen sicherer zu sein. In der Folge entstanden Leerstellen. Diese alte Not und diesen Mangel zu erkennen, schmerzt. Da hinzuschauen, auszuhalten, wahrzunehmen, was gefehlt hat, worauf man als Kind ein Recht gehabt hätte, ist schwer. Die innere Spannung, was das Ganze mit den Beziehungen zu denen macht, von denen man einst abhängig war, kann bedrohlich und kaum auszuhalten sein.

Leerstellen zu sehen, zu spüren und ihnen zu begegnen, kostet Kraft und Mut. Die Psyche braucht Zeit. Manchmal dauert es zehn Sitzungen, manchmal hundertzwanzig. Doch was passiert, wenn wir den Mangel und unsere alte Bedürftigkeit spüren? Was ist, wenn wir uns mit diesen Leerstellen beschäftigen? Dann braucht es Raum für Wut, und diese kann über Monate und Jahre Nachholbedarf haben. Unsere abgelehnten Gefühle holen das nach, was sie lange nicht durften. Heilung geht über Affekte. Nach unserer Wut kommt die Trauer. Dieser Prozess des Betrauerns ist wichtig, um loszulassen und unseren inneren Resonanzraum neu zu füllen. Damit Menschen bezüglich ihrer emotionalen Leerstellen langfristig heilen, müssen sie gründlich hinschauen und vor allem damit einhergehende Affekte zulassen.

Doch was ist mit unseren Leerstellen? Bleiben sie wirklich leer? Ich glaube, hierin liegt das Erbe, das wir mit Gott an unserer Seite ergreifen können. Er kann sich in unseren Leerstellen offenbaren. Die Leerstellen unserer Biografien bleiben leer, wenn wir ausschließlich therapeutisch darauf schauen. Hier ist es Gott, der den großen Unterschied macht.

Denn Gott war schon immer da. Wir können einen heilsamen Blick auf unser Vergangenes werfen und Gottes Fingerabdruck entdecken. Wir können annehmen, dass er in jedem Moment unserer Schutzlosigkeit, unserer Einsamkeit und Bedürftigkeit bei uns war, können das Erlebte dekonstruieren und dürfen die Liebe eines bedingungslosen Vaters annehmen, der nur das Gute für uns im Sinn hatte, schon immer. Wir dürfen seine Liebe aufsaugen und uns darin fallen lassen. Er flüstert uns zu: »Ich habe euch schon immer geliebt« (Jeremia 31,3b). Unsere ewige Gotteskindschaft ist eine unerschütterliche Wahrheit, auch in den Momenten tiefsten Schmerzes. Vielleicht können wir dieser Wahrheit Raum geben und entdecken, wie ein Tropfen von Gottes Liebe in der Retrospektive unsere Leerstellen verändern kann.

Vergebung

Der andere Aspekt ist das Geheimnis der Vergebung. Vergebung wird als christliche Tugend oft gefordert. Ganz nach dem Motto: »Ja, du darfst verletzt sein und es ist okay, wenn du es heute, morgen und auch noch übermorgen bist. Aber irgendwann, dann ist ja mal gut, dann musst du auch vergeben können.« Das einzige Recht, das ich habe, über Vergebung zu sprechen, fußt auf meinem eigenen Kampf, den ich über Jahre diesbezüglich kämpfen musste. Vergebungsprozesse sind hochkomplex und man macht sich äußerst verletzlich. Solche Prozesse bedürfen sicherer Schutz- und Schonräume. Doch vorher muss die Wut in all ihren Facetten und in aller Ungehaltenheit ihren Raum finden. Wenn Wut kein Ventil findet, wird sie nicht selten von Bitterkeit abgelöst. Vergebung lässt das Recht auf eine Wut, die sich in eine bittere, erschwerende Kruste verwandeln kann, los. Natürlich finden auch in Beratungen und Psychotherapien Vergebungsprozesse ihren Raum. Ohne Gott können diese aber noch schwieriger sein, als sie es ohnehin schon sind. Es macht einfach einen lebensbejahenden Unterschied, um eine haltlose und entwaffnende Vergebung zu wissen, die uns durch Jesus zuteilwird. Vergebung und die innere Erlösung tiefer Schuldgefühle zu erfahren, kann uns heilen. Viele Menschen wehren Schuldgefühle allerdings massiv ab. Die Folge ist, dass der Genesungsprozess gehemmt wird, da sie es vermeiden, mit diesen inneren Anteilen in Kontakt zu kommen. Doch Vergebung kann unsagbar befreiend sein.

Segen

Die Grenze der Therapie findet sich auch in einer nicht greifbaren transzendentalen Hoffnung. Als Nachfolgerinnen und Nachfolger Jesu dürfen wir an das Vorrecht von Segen glauben und diesen erleben. Bleiben wir bei der Psychologie, dann unterliegt ja ein großer Teil unserer Lebensspur dem Wiederholungsdrang. Das kann hilflos machen. Natürlich können wir den aus eigener Kraft durchbrechen, indem wir uns intensive Zeit nehmen und ungesunde Muster verstehen. Doch mit Gott an unserer Seite können wir uns an Tagen, an denen wir uns erschöpft und hoffnungslos fühlen und uns jegliche Kraft zur Reflexion fehlt, unter seinen Segen stellen. Das macht einen Unterschied, wie ich finde. Wir können mit

Gott rechnen und erwarten, dass er die Feder schwingt und eine Segenslinie in unser Leben zeichnet. Versteht mich nicht falsch. Es ist nicht egal, ob ihr an euren Themen arbeitet. Jedes Bemühen unserer Seite zählt. Doch mit Gott sind wir nicht allein und wir dürfen mit seiner Güte und seinem guten Plan rechnen. Das schenkt Weite und Hoffnung und die wünsche ich jedem Menschen – und jedem Paar.

Dranbleiben: Mutige Schritte wagen

Wie kann es weitergehen?

Mein Gebet ist, dass euch dieses Buch eine wundervolle und besondere Reise ermöglicht hat. Auch nach diesem Buch darf es weitergehen. Ihr müsst hier nicht stehen bleiben. Eurem Gestaltungsraum sind nämlich keine Grenzen gesetzt. In diesem Kapitel möchte ich euch mit hineinnehmen in die Möglichkeiten, die sich über dieses Buch hinaus für eure Beziehung und Ehe anbieten.

Gute Saatböden für die Ehe

Die Partnerschaft der Eltern ist der erste Ort, an dem wir erleben, wie Menschen miteinander reden, diskutieren und sich vertragen. In jeder Familie finden Gefühle statt. Doch der Umgang mit ihnen ist nicht in jeder Familie von emotionalem Reichtum geprägt. Einige kehren Gefühle unter den Teppich, andere überfluten und überreizen die emotionalen Kapazitäten ihrer Kinder, indem Gefühle massiv unreguliert und ungefiltert in Form von Gefühlsausbrüchen auf dem Tisch landen. Der Umgang mit Gefühlen jeglicher Art verläuft in zahlreichen Dimensionen. Paare sollen Handlungsalternativen erhalten und ihre Kommunikation und ihren Umgang mit Konflikten als Gestaltungsraum erleben, an dem beide Teile gleichermaßen verantwortungsvoll beteiligt sind. Um Handlungsoptionen entwickeln zu können, benötigt es aber lernfreundliche Umgebungen. Die Paartherapie kann als ein solcher Lernort für Paare fungieren. In der Paartherapie lernen die Paare verschiedene Kompetenzen, die ihnen für den weiteren Verlauf ihre Beziehungsjahre als Ressourcen zur Verfügung stehen.

Meine persönliche Meinung ist: Jedes Paar könnte sich mal für zwei oder drei Sitzungen ein Paargespräch gönnen. Ihr könnt nur daran gewinnen. Das muss nicht gleich eine Paartherapie sein. Ich selbst biete auch andere Formate wie Kommunikationstrainings, Ehevorbereitung oder Coachings für Verliebte an. Paargespräche können Paare in wichtigen Paarkompetenzen schulen. Erfahrungsgemäß lässt sich festhalten: Je früher, desto besser! Vor allem in den ersten ein bis zwei Beziehungsjahren steckt so viel Dopamin und Adrenalin im Blut. Am besten nutzen Paare diesen gigantischen Hormoncocktail für die gemeinsame Entwicklung. Dieser befeuert die Bereitschaft, an sich zu arbeiten. Paare sind nämlich in den ersten zwei Beziehungsjahren sehr offen und innerlich beweglich für die sogenannten Veränderungsprozesse. Außerdem erleben Paare die ersten Spannungen erfahrungsgemäß ungefähr nach vier Monaten. In dieser Zeit sind die Grunddynamiken, also die Spannungsmuster, die auch in zweiundzwanzig Jahren noch herausfordernd sein werden, ziemlich wahrscheinlich bereits sichtbar.

Ich habe sechs unentbehrliche Kompetenzen für Paare aufgestellt, die jedes Paar für sich trainieren sollte:

1. **Ja-Gesinnung:** Jedes Paar sollte lernen, wie wichtig es ist, in die Partnerin bzw. den Partner zu investieren und ihr bzw. ihm großzügig Liebe zu geben, sei es in Form von Zeit, Organisationskraft, Geld oder Energie.
2. **Reflexionskompetenz:** Ich nenne es den Sinn zur Metaebene. Paare, die gemeinsam über ihre Entwicklung als Paar reflektieren können, können alle Stürme durchstehen. Sie sprechen miteinander über ihr Miteinander.
3. **Gesprächskompetenz:** Diese Kompetenz benötigt jedes Paar. Es braucht die innere Möglichkeit, das eigene Innenleben zu teilen und in Worte zu fassen, um echte Nähe zueinander herstellen zu können.
4. **Konfliktfähigkeit:** Damit ist die Kompetenz gemeint, Konflikte zufriedenstellend zu lösen und daran zu wachsen.
5. **Empathiefähigkeit:** Paare lernen, sich einzufühlen, mit dem anderen mitzuschwingen und in die jeweils andere Gefühlswelt einzutauchen, ohne sich dabei aufzulösen oder selbst zu verlieren. Sie lernen, ihren Standort zu verlassen und eine andere Perspektive anzunehmen.
6. **Sexualkompetenz:** Paare bekommen Zugang zum Lustempfinden des eigenen Körpers, verstehen, wie der Körper Erregung und Entspannung herstellen kann, und erlernen die Kommunikation über sexuelle Fantasien, Wünsche und Bedürfnisse.

Was hält Paare ab, sich Hilfe zu suchen?

Immer wieder stelle ich fest, dass Paare verschiedene Sorgen und innere Hürden überwinden müssen, um sich in eine Paartherapie zu begeben. Ich möchte Paaren die Ängste nehmen und mit einigen Stigmata brechen.

Möglicherweise stellt ihr als Paar fest, dass es euch guttun würde, manche Dynamiken aufzubrechen. Eventuell habt ihr den Eindruck, dass euch ein moderiertes Gespräch helfen würde. Ich würde niemals sagen, dass jeder Mensch eine Psychotherapie benötigt. Damit pathologisieren wir als Gesellschaft Menschen. Das würde bedeuten, dass jede Trauer oder jede Belastungsphase einer Diagnose bedarf. Aber Paartherapie ist etwas anderes. Ein Paar, das sich in eine Paartherapie begibt, ist auf einer spannenden Reise unterwegs.

Doch warum ist die Hemmschwelle für Paare häufig so hoch? Dies ist zum einen ein strukturelles soziales Problem, es beruht aber auch auf einer noch immer dominierenden kollektiven Schamkultur. Scham und Stolz sind mitunter sehr ausschlaggebende Gründe, weshalb Paare Paargespräche vermeiden. Darüber hinaus geistern immer noch falsche Vorstellungen über den Ablauf einer Paartherapie in den Köpfen herum: »Was ist, wenn ich gezwungen werde Dinge zu tun, die ich nicht möchte?« »Bestimmt stehe ich schlecht da.« »Wem gibt der Beratende wohl die Schuld und wem recht?«

Doch die Paartherapie ist vielmehr ein neuer Entdeckungsraum für Paare. Sie dürfen die Not des anderen verstehen lernen und neue Wege des Miteinanders ausprobieren.

Ich möchte hier einige weniger hilfreiche Glaubenssätze auflisten:

- **»Ich bin schuld«/»Mein Gegenüber ist schuld«:** Viele haben die Vorstellung, die Paartherapie wäre wie ein Gerichtsprozess. Je nach Sympathie und Leidensdruck entscheidet die Paartherapeutin bzw. der Paartherapeut, wer recht hat, wer Schuld hat und wer was ändern sollte.
- **»Wir haben versagt«/»Ich habe versagt«/»Wir haben es nötig«:** In diesen Aussagen verbergen sich Scham und falscher Stolz . Der Gedanke, als Paar und auch als Einzelperson unzulänglich zu sein, macht sich hier breit. Das Paar schaut von außen gesteuert auf die eigene Beziehung und denkt darüber nach, was womöglich andere über ihren Schritt, sich Hilfe zu suchen, denken könnten.
- **»Wir haben nicht genug Geld«:** Die Kosten einer Sitzung bewegen sich zwischen 60 und 180 Euro. Das klingt zunächst nach schockierend viel Geld. Doch wie schnell gehen 80 Euro für ein Kleidungsstück oder 50 Euro für ein Abendessen dahin? Es ist auch eine Frage der Ja-Gesinnung. Einmal erzählte mir ein Pärchen, beide verbeamtet in hohen Positionen und besonders privilegiert besoldet, dass eine Paartherapie viel zu teuer sei. Hier wusste ich, dass jede weitere Überzeugungsarbeit überflüssig war, denn die Haltung der beiden war bereits zu festgefahren. Es gibt aber sogar Beratungsinstitutionen, die Paargespräche kostenfrei anbieten. Lasst mich euch ermutigen: Es ist ein Zeichen hoher Verantwortung, wenn ihr Begleitung in Anspruch nehmt. Ihr geht für euch, euer Gegenüber und eure Kinder einen wichtigen Schritt und solltet stolz sein.

Aus dem Nähkästchen geplaudert: Wie ich als Paartherapeutin arbeite

Paartherapeutinnen und -therapeuten haben mehr Fragen an euch als Antworten. Sie hüten sich davor, eure Lösungen zu kennen. Damit würden sie Verantwortung auf sich nehmen, die nicht in den Prozess gehört. Sie lenken den Prozess, ihr aber seid zuständig für das Inhaltliche, das ihr mitbringt. Nicht die Therapeutinnen und Therapeuten arbeiten mit euch. Ihr arbeitet mit ihnen. Einige Fragen können bei euch auf Widerstand treffen. Sie können sich unangenehm anfühlen, weil die Auseinandersetzung mit den eigenen Paarthemen innere Eingeständnisse und eine Konfrontation mit den kleinsten Nuancen verschiedener Gefühle mit sich bringt. Widerstand bedeutet aber auch Veränderung und Vorwärtskommen. Paartherapeutinnen und -therapeuten setzen ihren Arbeitsschwerpunkt auf eure Ressourcen. Übrigens: Nur weil eine Person in der Sitzung in Tränen ausbricht und die andere Person gefasst bleibt, bedeutet das noch lange nicht, dass diese Person mehr Gehör findet. Therapeutinnen und Therapeuten ist bewusst, dass Leidensdruck sehr individuell ausgedrückt wird. Sie sind für euch und für euer Wohl als Paar. Gleichzeitig behalten sie auch euer Wohl als einzelne Individuen im Blick.

Neben den Interventionen und dem methodischen Arbeiten geht es vor allem ums Zuhören. Angst, Schlafstörungen, Unruhe, Panikattacken, all diese Symptome erzählen eine Geschichte. Dahinter liegen oftmals gestörte Beziehungsinteraktionen, in denen das Symptom der Versuch einer Lösung ist. Es stellt einen Kompromiss dar und ist nie unnütz, nur auf lange Sicht hinderlich und belastend. In die Tiefe einzutauchen und Raum zu schaffen, die eigentlich dahinter verborgenen, unzugänglichen und abgelehnten Gefühle zu spüren, das ist die Aufgabe der Therapeutinnen und

Therapeuten. Oft ist der Leidensdruck von Ratsuchenden hoch und der Wunsch ist, dass doch alles so schnell wie möglich »repariert« werden soll. Doch das, was über lange Zeit entstanden ist, braucht auch lange Zeit, um zu heilen. Langsam ist oft nachhaltiger als schnell und zack, zack!

Am Ende des Tages kann ich natürlich nur davon sprechen, wie ich arbeite. Mehrere Jahre habe ich mich in verschiedene beraterisch-therapeutische Ausbildungen begeben und tue es auch weiterhin. Anfangs habe ich vor allem systemisch gearbeitet. Unterwegs hat sich meine Arbeitsweise weiterentwickelt. So habe ich 2022 eine dreijährige tiefenpsychologisch ausgerichtete beraterisch-therapeutische Ausbildung begonnen, die ebenfalls einen großen Fokus auf Paare setzt. Darüber hinaus bin ich emotionsfokussierte Paartherapeutin und schätze den bindungstheoretischen Ansatz.

Der tiefenpsychologisch-psychodynamische Ansatz geht davon aus, dass Menschen mit Ambivalenz in die Beratung kommen. Im konfliktzentrierten Ansatz wird davon ausgegangen, dass der Symptomatik ein innerpsychischer Grundkonflikt zugrunde liegt. Jedes Symptom hat eine Geschichte und ist gespeist aus alten Beziehungsstörungen oder dysfunktionalen Beziehungserfahrungen in frühkindlichen Erfahrungen, die meist unbewusst erlebt worden sind. Das Unbewusste ins Bewusstsein zu holen und die eigene Gewordenheit zu verstehen, erleben Ratsuchende als Entlastung. Ich gehe also davon aus, dass Menschen immer gute Gründe für ihr Handeln haben und jedes Symptom für etwas nützlich ist und seine Funktion hat. Menschen haben immer irgendwo gelernt, sich so zu verhalten, wie sie es tun. Es gab die Zeit, da war das Verhalten nützlich, um das innerseelische Überleben zu sichern. Dabei arbeite ich mit den Konzepten der Übertragung und Gegenübertragung. Die Beratung wird szenisch verstanden. Erfahrungen mit primären Bezugspersonen werden reinszeniert und können über eine beraterisch-therapeutische Beziehung erlebbar gemacht und somit überschrieben werden.

Wenn ich systemisch arbeite, arbeite ich sehr nach vorne und in die Zukunft gerichtet. Wo sind die Ressourcen? Welches soziale Stützsystem und welches Ressourcennetz können die Ratsuchenden gestalten? Im Systemischen arbeite ich stärker mit klaren Interventions- und Coachingmethoden. Ratsuchende tragen die Lösung ihrer Belastungen in sich, und ich begleite sie dabei, diese zu erforschen.

Bei der emotionsfokussierten Arbeitsweise ist vor allem die Bindungstheorie Grundlage der Arbeit. Es wird mit den konkreten Bindungsstilen, Bindungsbotschaften, Bindungssignalen und an einem neuen warmen emotionalen Kontakt der Paare gearbeitet. Es ist eine hochinteressante Kurzzeitbehandlungsmethode und bietet Paaren an, sich gegenseitig tiefer zu akzeptieren und gemeinsam eine sichere Bindung aufzubauen.

Der Mehrwert aus Paarseminaren

Paare machen nicht nur in der Paartherapie, sondern auch in Seminaren besondere Lernerfahrungen. Viele Paare melden zurück, dass sie sich durch die Reise, die sie mit anderen Paaren angetreten haben, bestärkt fühlen. Sie erzählen, dass sie von dem Austausch untereinander profitieren und vor allem dass das, was in ihrer Gedankenwelt als überwältigend umherwaberte, mit einem Mal schrumpfte. Die eigenen Themen und Knackpunkte werden in Relation gesetzt und damit greifbar. Isolation tut keinem Paar gut. Schwierigkeiten fangen an, sich im Kreis zu drehen, und der Standortwechsel gelingt im Alleingang eher selten. Stattdessen schafft es Erleichterung, mit anderen Paaren im Austausch zu sein. Es nimmt der Überforderung die Fäden aus der Hand und schenkt Paaren Gelassenheit. Paarseminare in Kirchen, Familienbildungsstätten, Beratungsstellen, ja sogar in Schulen können dazu beitragen, dass Paare gemeinsam unterwegs sind.

Wenn ein Paar gemeinsam ein Seminar besucht, macht es besondere Selbstwirksamkeitserfahrungen, da es sich in seinem Gefüge als Paar als lernflexibel erlebt und feststellt, dass es Erfolge feiern kann. Wenn bestimmte Prozesse abgeschlossen sind, folgt eine Erntezeit. Das Paar kann die Früchte seiner Arbeit genießen und sollte sich auch unbedingt ausruhen. Ja, auch das muss ein Paar sich erlauben. Es kann nun einen konfliktärmeren Alltag genießen. Natürlich folgen dann auch wieder Abschnitte mit Veränderungen im Alltag, was wiederum zu neuen und herausfordernden Entwicklungsaufgaben als Paar führen kann.

In diesen Zeiten ist es wichtig, die guten Saatböden, die bereits da sind, zu erkennen. Paare dürfen sich daran erinnern, dass sie bereits Lernende waren und darin auch erfolgreich waren. Dieser Erfahrungswert schenkt Hoffnung, denn das, was man als Paar bereits einmal geschafft hat, kann man auch noch einmal schaffen. Paare haben ihre unerschöpflichen Möglichkeiten kennengelernt und somit ihre Ressourcen aktiviert. Probiert es doch mal aus und sagt Ja zu einem kleinen Wagnis, einem Schnuppertag in einem Paarseminar. Die Ja-Gesinnung ist, wie gesagt, auch bereit, Materielles herzugeben. Wie viel mehr wert ist es, an der eigenen Paarbeziehung zu arbeiten, als in einem schicken Restaurant zu Abend zu essen? Seht es als ein spannendes Experiment an. Niemand zwingt euch, das Seminar bis zum Ende durchzuziehen. Wenn es euch gar nicht gefällt, könnt ihr jederzeit aussteigen. Wenn es euch aber gefällt, könnte dies ein Weg sein, euch alle paar Jahre einen neuen gemeinsamen Input zu holen und gute Prävention zu betreiben. Mein Mann und ich sind auch als Referenten unterwegs und kommen gern in eurem Verein oder eurer Kirche vorbei. Ansonsten fühlt euch frei, mich zu kontaktieren, und ich leite euch Adressen weiter, welche Angebote für euch bezirksnah zu erreichen sind.

Abschlussbrief

Wir sind nun am Ende unserer gemeinsamen Reise angekommen und ihr könnt wirklich stolz auf euch sein. Ich bin es auf jeden Fall! Das Schöne ist: Eure gemeinsame Reise geht ja weiter!

Ich frage mich, wie ihr euer bisheriges Abenteuer zu zweit wohl erlebt habt. Vielleicht habt ihr das Buch in einem Rutsch gelesen oder Kapitel übersprungen und andere herausgepickt. Meine Hoffnung ist, dass ihr euch aufgefangen, bestätigt und verstanden gefühlt habt, erbaut in dem, was für euch dran ist. Meine noch viel größere Hoffnung ist, dass ihr entdecken konntet, wie euer persönliches tägliches Ja aussehen kann. Ich hoffe, ihr konntet mit eurem Ja kreativ werden, Neues ausprobieren, Altes durchbrechen, das ein oder andere Ritual entwickeln und euch auf dem Weg hin zu einer sicheren und einfühlsamen Gesprächskultur bewegen. Ich hoffe auch, dass ihr zu euren Träumen Ja sagen und eure Biografien und den dahinterliegenden Schatz eines tieferen Miteinanders ausbuddeln konntet.

Nur noch mal fürs Protokoll. Doppelt hält gewöhnlich besser: Ihr seid goldrichtig. Ihr habt, wie ihr gemerkt habt, die Möglichkeit, eure Beziehung nachhaltig zu gestalten und so Saat für die nächste Generation zu säen! Ich bin gespannt, was ihr noch erleben werdet, und freue mich, von euch zu hören! Wenn ihr euch Begleitung als Paar wünscht oder erzählen wollt, welche Erlebnisse ihr mit diesem Buch gemacht habt, dann schreibt mir gern unter www.schneider-ira.com oder an info-ira-schneider@web.de oder unter @ira.schneider_.

Wenn ihr weder eine erreichbare Beratungsinstitution findet (leider ist noch nicht jede Hilfe barrierefrei) noch die finanziellen Mittel habt, euch ein Paargespräch zu leisten, dann meldet euch bei mir. Niemand soll auf Hilfe verzichten müssen. Ich schaue gern, was es für Möglichkeiten gibt und inwiefern ich euch unterstützen oder an mein bestehendes Netzwerk weiterleiten kann.

Möge euch für euer Füreinander kein Weg zu weit, keine Mühe zu groß, kein Hindernis zu hoch und kein Ja zu viel sein. Nicht ein Tag sei vertane Liebesmüh, den ihr in eure Paarbeziehung investiert. Denn diese beeinflusst euer Leben, euer Herz und eure Gesundheit wie nichts anderes. Also weiter geht's: Auf ein Neues. Auf ein Hoffnungsvolles. Auf eure nachhaltige Ehe. Auf euer tägliches, neues Ja! Mögen aus euch Ströme des Segens fließen, Hilfreiches und Förderliches entstehen und Heilsames für euer Umfeld hervorgehen.

Voller Liebe

Eure Ira

Anmerkungen

1 Zitiert nach: https://www.deutschlandfunkkultur.de/stufen-von-hermann-hesse-ein-gedicht-das-fuer-viele-100.html.

2 Vgl. John M. Gottmann: Die sieben Geheimnisse einer glücklichen Ehe, Ullstein Buchverlage GmbH, 2. Auflage, Berlin 2002, S. 84.

3 Dieser Textauszug ist gekürzt und verändert. Die Ersterscheinung erfolgte in der Lydia 1/4 (2023).

4 Vgl. Franziska Knupper: Das passiert in deinem Körper, wenn du verknallt bist, SPIEGEL, 2016: https://www.spiegel.de/partnerschaft/liebesdrogen-a-00000000-0003-0001-0000-000000489749.

5 Vgl. Aristoteles. Hier nach: Bodo Janssen: Das neue Führen: Führen und sich führen lassen in Zeiten der Unvorhersehbarkeit, Ariston, Kindle-Edition, S. 40.

6 Vgl. Ira Schneider: Ehe-Meeting, Family 6/2020, SCM Bundes-Verlag gGmbHm, Witten (hier gekürzt und verändert).

7 Vgl. Guy Bodenmann: Lehrbuch Klinische Paar- und Familienpsychologie, Verlag Hans Huber, Bern 2013, S. 45.

8 Vgl. ebd., S. 96.

9 Vgl. M. Wirsching/P. Scheib (Hrsg.): Paar- und Familientherapie, Springer-Verlag, Berlin/Heidelberg 2002, S. 274.

10 Zitiert nach: https://www.bistum-eichstaett.de/fileadmin/trauungsmappe/worte.pdf, S. 5.4.

11 Ich habe mich inspirieren lassen von: Manfred Engeli: Was Gott zusammengefügt hat … Ermutigung für die Ehe, Neufeld Verlag, Luhe-Wildenau 2021, S. 122.

12 Eckhard Rödiger/Wendy T. Behary/Eva Frank-Noyon: Passt doch! Paarkonflikte verstehen und lösen mit der Schematherapie, 2. Auflage, Verlagsgruppe Beltz, Weinheim 2022, S. 21.

13 Vgl. ebd., S. 23.

14 Eckhard Rödiger/Wendy T. Behary/Eva Frank-Noyon: Passt doch! Paarkonflikte verstehen und lösen mit der Schematherapie, 2. Auflage, Verlagsgruppe Beltz, Weinheim 2022, S. 21–22.

15 Vgl. Ludwig Schindler/Kurt Hahlweg/Dirk Revenstorf: Partnerschaftsprobleme? So gelingt Ihre Beziehung – Handbuch für Paare, 3. Auflage, Springer-Verlag GmbH, Heidelberg 2007, S. 74.

16 Vgl. https://www.wissen.de/wortherkunft/konflikt.

17 Vgl. Ludwig Schindler/Kurt Hahlweg/Dirk Revenstorf: Partnerschaftsprobleme? So gelingt Ihre Beziehung – Handbuch für Paare, 3. Auflage, Springer-Verlag GmbH, Heidelberg 2007, S. 74.

18 Eckhard Rödiger/Wendy T. Behary/Eva Frank-Noyon: Passt doch! Paarkonflikte verstehen und lösen mit der Schematherapie, 2. Auflage, Verlagsgruppe Beltz, Weinheim 2022, S. 21–22.

19 Vgl. Jürg Willi: Therapie der Zweierbeziehung. Analytisch orientierte Paartherapie. Anwendung des Kollusions-Konzeptes. Handhabung der therapeutischen Dreiecksbeziehung, 5. Auflage, Rowohlt Verlag, Hamburg 2001, S. 46.

20 Vgl. Jürg Willi: Was hält Paare zusammen? Der Prozeß des Zusammenlebens in psychoökologischer Sicht, 1. Auflage, Rowohlt Verlag, Hamburg 1993, S. 232.

21 Vgl. Gary L. Thomas: Heiliger Hafen. Wie uns die Ehe näher zu Gott bringt, 5. Auflage, SCM R.Brockhaus in der SCM Verlagsgruppe Gmbh, Holzgerlingen 2015.

22 Vgl. Annegret Eckhardt-Henn/Gereon Heuft/Gerd Hochapfel/Sven Olaf Hoffmann (Hrsg.): Neurotische Störungen und psychosomatische Medizin. Mit einer Einführung in Psychodiagnostik und Psychotherapie, 7. vollständig überarbeitete und erweiterte Auflage, Schattauer Verlag, Stuttgart 2004, S. 54.

23 Vgl. Guy Bodenmann: Lehrbuch Klinische Paar- und Familienpsychologie, Verlag Hans Huber, 2013, S. 154.

24 Vgl. ebd., S. 162.

25 Vgl. Manfred Cierpka (Hrsg.): Handbuch der Familiendiagnostik, Springer-Verlag GmbH, Heidelberg 1996, S. 266.

26 Vgl. Guy Bodenmann: Lehrbuch Klinische Paar- und Familienpsychologie, Verlag Hans Huber, 2013, S. 159.

27 Vgl. Manfred Cierpka (Hrsg.): Handbuch der Familiendiagnostik, Springer-Verlag GmbH, Heidelberg 1996, S. 269.

28 Susan M. Johnson: Praxis der Emotionsfokussierten Paartherapie. Verbindung herstellen, 2. Auflage, Junfermann Verlag, Paderborn 2021, S. 35.

29 Ebd.

30 Vgl. https://www.spektrum.de/lexikon/psychologie/affekt/261.

31 Vgl. Rainer Schwing/Andreas Fryszer: Systemische Beratung und Familientherapie. Kurz, bündig, alltagstauglich, S. 86.

32 Jürg Willi: Therapie der Zweierbeziehung. Analytisch orientierte Paartherapie. Anwendung des Kollusions-Konzeptes. Handhabung der therapeutischen Dreiecksbeziehung, 5. Auflage, Rowohlt Verlag, Hamburg 2001, S. 46.

33 Vgl. Jürg Willi: Die Zweierbeziehung. Spannungsursachen. Störungsmuster. Klärungsprozesse. Lösungsmodelle, Rowohlt Verlag, Hamburg 1990, S. 110.

34 Vgl. ebd., S. 107.

35 Vgl. ebd., S. 46.

36 Vgl. Rainer Schwing/Andreas Fryszer: Systemische Beratung und Familientherapie. Kurz, bündig, alltagstauglich, Vandenhoeck & Ruprecht, Göttingen 2013, S. 88.

37 Vgl. Werner Lange: Die Aussagen von Jesus und Paulus über Scheidung und Wiederheirat. In: Bochmann/van Treeck (Hrsg.): »Ehescheidung und Wiederheirat, Theologische Hochschule Friedensau: https://graecum-latinum.de/gr_materialien/theologie/Scheidung-Wiederheirat%20_wel.pdf, S. 1–10.

38 Irene Spieler: Tiefenpsychologisch-orientierte Beratung und Therapie: Die Funktion der Dysfunktion. Teil 1: Eine kleine Übersicht über tiefenpsychologische Grundkonzepte. In: Fokus Beratung. Bd. 34, 2019, S. 55.

39 Ingeborg Volger: Tiefenpsychologische Beratung. Ein Leitfaden für die Praxis, Vandenhoeck & Ruprecht Verlag, Göttingen 2021, S. 279.

40 Irene Spieler: Tiefenpsychologisch-orientierte Beratung und Therapie: Die Funktion der Dysfunktion. Teil 1: Eine kleine Übersicht über tiefenpsychologische Grundkonzepte. In: Fokus Beratung, Bd. 34, 2019, S. 58.

41 Friederike von Tiedemann: Versöhnungsprozesse in der Paartherapie. Ein Handbuch für die Praxis, Junfermann Verlag, Paderborn 2017, S. 162–164.

42 Heidrun Ferguson: Partnerschaftsprobleme und chronischer Stress. Eine empirische Studie bezüglich des Zusammenhanges zwischen Partnerschaftsvariablen und chronischen Stressskalen, VDM Verlag, Saarbrücken 2008, S. 31.

43 Ebd., S. 31.

44 Jürg Bolliger: Grundlagen der Transaktionsanalyse. Kurz und bündig, 3. Auflage, BoD, 2020, S. 7.

45 Vgl. ebd., S. 17.

46 Vgl. ebd., S. 18.

47 Vgl. ebd., S. 18.

48 Nora Imlau (Autorin), Lisa Rammensee (Illustratorin): Was weinst du denn so viel, kleines Krokodil?, Carlsen GmbH, Hamburg 2023, S. 24.

49 Niedersächsisches Institut für frühkindliche Bildung und Entwicklung: Bindung und Trennungsangst im Übergang von der Familie in die Kita: https://www.nifbe.de/component/themensammlung?view=item&id=531&catid=42&showall=&start=1.

50 https://lehrbuch-psychologie.springer.com/lexikon/5158.

51 Vgl. Arbeitskreis Operationalisierung Psychodynamischer Diagnostik: Operationalisierte psychodynamische Diagnostik OPD-2. Das Manual für

Diagnostik und Therapieplanung, 3. überarbeitete Auflage, Hans Huber, Bern, 2006, S. 277.

52 Gekürzte Version aus dem Downloadbereich: Vgl. https://www.gewaltfrei-101uebungen.de/kostenloser-downloadbereich/kostenlose-downloads-de.

53 Irene Spieler: Tiefenpsychologisch-orientierte Beratung und Therapie: Die Funktion der Dysfunktion. Teil 1: Eine kleine Übersicht über tiefenpsychologische Grundkonzepte. In: Fokus Beratung, Bd. 34, 2019, S. 58.

54 Vgl. Arbeitskreis Operationalisierung Psychodynamischer Diagnostik: Operationalisierte psychodynamische Diagnostik OPD-2. Das Manual für Diagnostik und Therapieplanung, 3. überarbeitete Auflage, Hans Huber, Bern 2006, S. 255.

55 Ebd., S. 255.

56 Vgl. ebd., S. 259.

57 Arbeitskreis Operationalisierung Psychodynamischer Diagnostik: Operationalisierte psychodynamische Diagnostik OPD-2. Das Manual für Diagnostik und Therapieplanung, 3. überarbeitete Auflage, Hans Huber, Bern 2006, S. 256.

58 Michael Ermann: Psychoanalytische Konfliktpsychologie – obsolet oder aktuell? In: Forum der Psychoanalyse, Ausgabe 4, 2016, S. 180.

59 Vgl. Ingo Jungclaussen: Handbuch Psychotherapie-Antrag. Psychodynamisches Verstehen und effizientes Berichtschreiben in der tiefenpsychologisch fundierten Psychotherapie, Schattauer Verlag, Stuttgart 2005, S. 117.

60 Vgl. ebd., S. 115–116.

Die Internetlinks wurden am 11. 12. 2023 auf ihre Aktualität geprüft.